L'ESPOIR
NE VOUS DÉÇOIT JAMAIS

Du même auteur chez le même éditeur

L'Esprit de Noël, 2016
Dieu rit, 2017
Qui suis-je pour juger ?, 2017
L'Évangile de Marie, 2018
C'est tous les jours Noël, 2018
Le Bonheur dans cette vie, 2020
Dieu et le monde d'après, 2021
Petit traité de joie intérieure, 2022

PAPE FRANÇOIS

L'ESPOIR
NE VOUS DÉÇOIT JAMAIS

Sous la direction de Hernán Reyes Alcaide
Traduit de l'espagnol par Anna Souillac

Michel LAFON

Le texte de ce livre, écrit à l'origine en espagnol, a été traduit en italien et publié pour la première fois dans cette langue sous le titre *La Speranza non delude mai* par Mondadori Libri, sous la marque Piemme.

Éditions Michel Lafon, 2025 pour l'édition française
14, boulevard de la Madeleine – CS 62204
75373 Paris 08 Cedex

www.michel-lafon.fr

Prologue

L'espoir ne déçoit jamais

Je vous invite à nous imaginer ensemble à bord d'un bateau, au beau milieu de l'océan. Le navire tangue au gré d'une mer très agitée et nous commençons à nous inquiéter. Pourtant, nous savons au fond de nous que quelque chose nous maintiendra à flot et nous guidera à travers la tempête. Nous avons la certitude de revoir les visages de nos proches et d'atteindre l'autre rive.

C'est à cela que ressemble l'espérance chrétienne et c'est pour cela qu'elle « ne déçoit jamais » (*Romains* 5). C'est la conviction que quelque chose existe déjà et que ce quelque chose sera notre salut. Qu'il nous guidera sur le chemin de la vie et, à la fin, nous réunira avec Dieu.

L'espérance, c'est l'ancre et la voile du bateau au milieu de la tempête. L'ancre parce qu'elle est concrète et stable, et qu'elle trouve ses racines dans l'assurance du salut que Dieu nous a promis en Jésus-Christ.

Elle est également la voile car, en plus de nous donner cette assurance, elle fait avancer le bateau au milieu de la tempête. Ainsi, en plus d'être une ancre solide, l'espérance attrape le vent du Saint-Esprit, cette force motrice qui nous fait avancer en pleine mer, jusqu'à atteindre la rive.

Il existe un grand risque : confondre l'espérance et l'optimisme. En général, ce que nous vendent les médias, c'est de l'optimisme : « Prenez cette pilule et vous ne grossirez plus » ; « Suivez ce chemin et vous deviendrez riche », ce genre de choses. Cela n'est pas de l'espérance. Il faut savoir faire preuve d'optimisme dans la vie, bien sûr, mais il ne faut pas le confondre avec l'espérance. L'optimisme est une attitude, un état d'esprit psychologique, on peut en avoir aujourd'hui et pas demain. Il s'agit plus du sentiment changeant de celui qui veut améliorer les choses de ce monde de façon velléitaire, à la seule force de sa volonté (Audience générale du 26 avril 2017). Reprenons l'image du bateau : l'optimisme, c'est penser que d'ici quelques minutes la mer va cesser de nous faire tanguer, les vagues se calmer, le soleil réapparaître et que nous reprendrons tranquillement notre chemin vers notre destination. Mais nous n'avons aucune raison fondamentale d'être optimiste en ce qui concerne la météo. Nous savons que la tempête peut se calmer ou ne pas se calmer.

L'espérance, en revanche, est la certitude de nous en sortir. C'est attendre quelque chose de certain et non quelque chose que nous espérons voir se produire. C'est un don de Dieu, cette vertu qui vit dans notre cœur et qui, fidèle à sa promesse, nous permet de garder le cap. J'aime l'image de la corde : nous jetons l'ancre sur la rive et l'espérance est la corde sur laquelle nous tirons pour la rejoindre. À la fin du siècle dernier, les évêques européens nous ont rappelé avec grâce que « l'homme ne peut pas vivre sans espérance : sa vie, condamnée à l'insignifiance, deviendrait insupportable » (deuxième Assemblée spéciale pour l'Europe du Synode des évêques, conclusions, 1 : *L'Osservatore Romano*, éd. hebdomadaire en langue espagnole, 29 octobre 1999, p. 10).

Il y a plusieurs siècles, le peintre Bruegel l'Ancien a créé une superbe gravure représentant la déesse romaine Spes[1] debout sur une ancre au milieu d'une scène d'une terrible adversité. Autour d'elle, on aperçoit des personnages lutter pour échapper aux vagues, des navires détruits, un incendie, des gens emprisonnés. Mais la légende de l'œuvre nous rassure : « Il est agréable d'avoir la conviction de l'espérance et l'inspiration nécessaire pour vivre au milieu de tant de difficultés presque intolérables. »

Au cours de ma vie, il m'est arrivé de traverser des moments où faire confiance à Dieu m'a demandé des efforts. Ces moments obscurs où l'on se raccroche, tant bien que mal, à ce que l'on a sous la main. Mais nous devons faire attention : à se raccrocher à n'importe quoi, nous attrapons des choses qui ne nous aident pas, des choses qui diminuent la grandeur de notre espérance. En Argentine, nous avons un dicton clair : « Il faut savoir attendre l'éclaircie. »

1. Déesse romaine de l'Espérance.

La Bible nous raconte tout un tas d'histoires d'espérance. Il y en a une que j'aime tout particulièrement pour sa force : quand Saint-Paul nous raconte qu'Abraham crut en « espérant contre toute espérance » (*Romains* 4, 18).

Saint-Pierre écrit que l'espérance chrétienne est « un héritage qui ne connaîtra ni corruption, ni souillure, ni flétrissure » (*1 Pierre* 1, 4). Elle « soutient le chemin de notre vie, même quand celui-ci est tortueux et éprouvant, elle ouvre devant nous les voies de l'avenir quand la résignation et le pessimisme voudraient nous retenir prisonniers, elle nous fait voir le bien possible quand le mal semble l'emporter. L'espérance chrétienne nous insuffle la sérénité quand le cœur est accablé par l'échec et le péché, elle nous fait rêver d'une humanité nouvelle et nous donne le courage de construire un monde fraternel et pacifique, quand cela ne semble plus valoir la peine de s'y engager » (Homélie, Ascension du Seigneur, Remise et lecture de la Bulle d'indiction du Jubilé 2025 et secondes vêpres, 9 mai 2024). C'est la vertu qui nous donne la force de pénétrer dans l'obscurité d'un avenir incertain et de marcher vers la lumière.

Il m'est arrivé de traverser des épreuves, j'ai notamment connu une période très obscure où je n'arrivais plus à percevoir d'issue possible. Quand je m'en suis enfin sorti, des années plus tard, c'était comme si une porte s'était ouverte devant moi. Et si elle ne s'était pas ouverte auparavant, c'était parce que le moment n'était pas le bon. C'est comme ça que j'ai appris à attendre le temps de Dieu. Parfois, nous confondons le temps et l'instant. Nous raisonnons de façon instantanée, nous voulons accélérer les choses. Pourtant, il est essentiel d'avoir le sens du temps : l'espérance ne vient qu'avec le temps.

Semer l'espérance fait de nous de bons chrétiens. Ceci ne signifie pas qu'il faille rebattre les oreilles de nos frères et sœurs avec de fausses promesses ou édulcorer la vérité. Mais nous sommes appelés à verser l'huile parfumée de l'espérance et non le vinaigre amer du désespoir.

Une autre image me plaît : celle de l'espérance comme pièce d'identité des chrétiens, quelque chose qui nous définit et nous caractérise. Parce que nous sommes les fils d'Abraham et de son espérance. C'est la corde qui nous relie à l'ancre, c'est une source vitale de joie. C'est la vertu, humble et simple, qui nous fait avancer et nous rend joyeux car elle ne nous déçoit jamais.

L'espérance est une des trois vertus théologales, nommées ainsi parce qu'elles sont le fait direct de Dieu. C'est la petite sœur de deux autres : la foi et la charité. Nous pouvons l'imaginer en train de tenir les mains des deux grandes, mais elle est, en réalité, l'impulsion à l'origine de tout. Cette humble vertu est le courant de l'eau de nos vies, elle nous porte pour éviter que nous nous noyions dans les difficultés qui nous entourent. C'est la vertu la plus cachée, pourtant elle est là, jour après jour.

L'espérance est aussi la vertu qui nous permet de garder le cap, même si nous avons parfois du mal à l'expliquer et à la comprendre. Pourtant, elle a une caractéristique concrète : elle est l'héritage du chrétien, celui qui nous fait avancer « vers quelque chose », comme la rencontre avec Jésus-Christ (Audience générale du 28 décembre 2016). C'est une vertu qui nous met en mouvement et nous pousse, parce que la vie d'un chrétien est de « tendre vers ». Si un chrétien perd cet objectif de vue, sa vie devient statique. Et ce qui ne bouge pas finit par pourrir. Prenez l'eau par exemple : une eau stagnante perd progressivement ses propriétés et son essence et finit souvent par être contaminée. Voilà ce qui arrive au chrétien qui n'est pas capable de tendre vers l'autre rive : il lui manque quelque chose. Il ne participe pas à sa vie. Au lieu d'en être l'acteur, il la regarde défiler en spectateur. Et qu'il est triste de constater ce genre de comportements chez les jeunes ! Pour le chrétien qui se désespère, la religion ne sera qu'une doctrine philosophique. Il a beau, lui, la considérer comme une foi, sans espérance, ce ne sera pas le cas.

L'espérance ne nous déçoit pas et nous demande bien peu en échange, juste de nous ouvrir au chemin vers lequel elle nous conduit. Je pense à l'amour d'un couple ou à l'affection entre deux amis. À ces *petites plantes* que nous arrosons tous les jours pour les faire pousser et les rendre plus fortes. Dans la Bible (*Luc* 13, 18-21), on trouve également l'image du levain qu'une femme a pris et mis dans trois mesures de farine. Un levain qui ne se garde pas au frigo, mais qui se *mélange à la vie*. C'est ça l'espérance, elle nous fait humblement tenir debout et nous la cultivons dans chacun de nos actes parce que nous avons la certitude qu'elle ne nous décevra pas.

Nous avons également besoin de patience. Dans ce même passage de la Bible (*Luc* 13, 18-21), Jésus compare le royaume de Dieu au grain de sénevé jeté dans un jardin. Nous devons attendre qu'il pousse, nous allons tous les jours voir comment les choses avancent : « Réjouissez-vous en espérance. Soyez patients dans l'affliction. Persévérez dans la prière » (*Romains* 12, 12). Dans un monde où être pressé est devenu la norme, « nous nous sommes habitués à vouloir tout, tout de suite. Nous n'avons plus le temps de nous rencontrer et souvent, même dans les familles il devient difficile de se réunir et de discuter calmement. La patience est mise à mal par la précipitation, causant de graves préjudices aux personnes » (*Spes non confundit*, Bulle d'indiction du Jubilé ordinaire de l'année 2025, 9 mai 2024). La patience, qui vient de l'Esprit-Saint, « garde l'espérance en vie et la renforce comme vertu et mode de vie » (*ibid.*). La patience, ce n'est pas se retenir, c'est savoir bien souffrir.

L'espérance ne nous demande pas seulement de faire preuve de patience, mais également de prier pour la cultiver. La Bible nous raconte l'histoire du prophète Jonas qui, voulant fuir la mission que lui avait confiée Dieu à Ninive, embarqua pour l'Espagne avec un groupe de marins. Au milieu du voyage, une tempête surgit alors qu'il était en train de dormir. Tous les autres membres de l'équipage, se croyant perdus, « crièrent chacun à son dieu » : il s'agissait de païens (*Jonas* 1, 5). Le capitaine du bateau réveilla Jonas et lui dit : « Qu'as-tu dormeur ? Lève-toi, crie à ton Dieu ; il pensera peut-être à nous et nous ne périrons point » (*Jonas* 1, 6). Que nous enseigne ce passage ? Que face à la mort et au danger, la réaction des païens est la bonne. Parce que c'est dans ces moments-là que l'homme ressent complètement sa fragilité et son besoin de salut. L'horreur instinctive de mourir nous montre la nécessité d'avoir espoir en ce Dieu de la vie. La supplique de ces marins, ce sont ces mots d'espérance transformés en prière, une prière pleine d'angoisses, arrachée de leur bouche par l'imminence d'une mort possible. Elle est là l'espérance : dans ce Dieu qui connaît nos faiblesses et sait que nous nous souvenons de lui quand nous avons besoin de son aide et qui, avec le sourire indulgent d'un père, répond avec bienveillance.

Dans la culture populaire, nous avons souvent entendu que « tant qu'il y a de la vie, il y a de l'espoir ». Pourtant, c'est une interprétation inverse à celle de l'espérance chrétienne : c'est elle qui maintient la vie debout, qui la protège, la préserve et la fait grandir. Sans elle à laquelle se raccrocher, il est probable que les hommes « ne seraient jamais sortis de leurs cavernes et n'auraient jamais laissé leur empreinte sur l'histoire du monde » (Audience générale 27 septembre 2017). L'être humain « a aussi besoin, au-delà du nécessaire pour vivre, *d'une grande espérance dans le cœur* qui l'aide à bien vivre, lui donne le goût et le courage de se lancer dans des projets de grande envergure et lui permette de lever les yeux vers le haut, vers de vastes horizons » (Rencontre avec les autorités, la société civile et le corps diplomatique, « APEC Haus », Port Moresby, Papouasie-Nouvelle-Guinée, 7 septembre 2024).

Deux mots sont intrinsèquement liés à celui d'espérance. Le premier, c'est bonheur. On le trouve en étant cohérent. Les incohérences, les tricheries de la vie, la volonté d'accélérer le temps ne te rendront pas heureux. Le bonheur ne se possède pas, il se vit. Tout ce que vous ferez pour le posséder ne sera qu'une source de déception. Il faut être ouvert au bonheur, oui, et le poursuivre de façon licite, mais ne jamais chercher à le posséder.

L'autre mot, c'est pardon. Pardonner est un défi quotidien que nous devons tous relever. Je pardonne ou je ne pardonne pas. Personnellement, l'expérience d'avoir été pardonné m'aide à pardonner. Il n'y a pas de droit à ne pas pardonner. Si une personne ne se sent pas pardonnée, elle aura du mal à le faire à son tour. Et ça ne fera que lui donner tout un tas d'horribles complexes. Oui, il est difficile d'admettre que certaines choses qu'on a faites doivent être pardonnées. Cela demande une bonne dose de vérité et d'espérance.

Quand je pense à l'espérance, je pense également à l'Église et à la nécessité de lutter contre toutes ces choses qui nous désespèrent (le cléricalisme, par exemple). La conversation doit être permanente. Il faut adopter une attitude de service et non de pouvoir, savoir écouter sans dogmatiser.

La place du prêtre est au milieu du peuple de Dieu. Il ne s'agit pas de réduire l'Église à une multinationale de la bienfaisance : elle est le peuple de Dieu qui marche en présence du Seigneur.

Parce que l'espoir « ne déçoit jamais », je pense à nos jeunes, aux migrants qui se voient contraints d'abandonner leurs terres, à ceux qui sont privés de leur liberté, à ceux qui souffrent des conséquences de la guerre, aux millions de pauvres du monde entier qui ont du mal à survivre, aux femmes qui luttent encore, partout sur la planète, pour une véritable égalité, à toutes ces personnes qui, loin d'être des statistiques, sont pour nous de vrais visages que j'aimerais voir irradier d'espérance. Ce sont eux qui m'ont inspiré ce livre.

Introduction

Les visages de l'espérance

Le Jubilé ordinaire de 2025 s'ouvrira bientôt et il réunira des millions de personnes du monde entier devant la Porte Sainte et partout dans Rome. Ces personnes auront pour devise d'être les « Pèlerins de l'espérance ». J'appelle donc les fidèles à nous rejoindre pour marcher ensemble vers Dieu et vers les autres, afin de ne pas baisser les bras quand, aujourd'hui encore, de « lourdes pierres », trop lourdes, bloquent les portes de l'espérance de l'humanité, comme une grosse pierre bloquait le tombeau de Jésus en un autre temps (Message Urbi et Orbi, 31 mars 2024).

Le pèlerinage nous pousse à sortir de la zone de confort dans laquelle nous nous complaisons parfois en croyant enfin tirer les ficelles de notre vie. D'autres fois, ce sont nos peurs, nos doutes et nos réflexions qui nous accablent et nous empêchent d'aller « vers les périphéries de l'existence, de faire le premier pas vers nos frères et sœurs, surtout ceux qui sont les plus éloignés, ceux qu'on a oubliés et qui ont le plus besoin de compréhension, de réconfort et d'aide » (Audience générale du 27 mars 2013).

L'espérance, cette vertu qui « ne déçoit jamais » (*Romains* 5, 5) et naît de l'amour, est un véritable souffle pour la communauté, et ce depuis les origines du christianisme. Tout le monde espère et, comme je l'ai dit dans la Bulle d'indiction de l'Année sainte : « L'espérance existe dans le cœur de chaque personne, comme un désir et une attente du bien, même si elle ne sait pas de quoi demain sera fait » (*Spes non confundit*, Bulle d'indiction du Jubilé ordinaire de l'année 2025, 9 mai 2024).

Être des pèlerins, porter l'espérance. Nous voilà convoqués au Jubilé qui tentera de faire de nous tous les ambassadeurs de ce message de salut.

Dans la tradition judéo-chrétienne, le Jubilé est une période de grâce durant laquelle on connaît la miséricorde de Dieu et le don de sa paix. C'est une époque où les pécheurs sont pardonnés, où la réconciliation prévaut sur l'injustice et où la terre se repose. Nous souhaitons également y accueillir à bras ouverts, avec joie et fraternité, nos frères d'autres confessions et ceux qui n'ont pas encore reçu le don de la foi. C'est une « fête à laquelle Jésus invite tout le monde, sans distinction, ni exception » (Message pour le Jubilé de la miséricorde des jeunes adolescents, 6 janvier 2016).

Comme nous avons besoin de cet esprit du Jubilé de nos jours ! Regardons autour de nous : des guerres, des sécheresses, des inondations, une pauvreté qui ne cesse de croître, des richesses qui se concentrent, un manque de fraternité et une méfiance sociale excessive. Dans tous ces domaines, l'Année sainte peut vraiment nous aider à rétablir un climat d'espérance et de confiance comme signe d'une renaissance que nous considérons tous comme urgente.

Il est de notre devoir, et particulièrement celui de l'Église, d'être à la hauteur, et de travailler pour que cet appel ne donne pas lieu à des dérives dont nous devons nous méfier. Nous savons que les pèlerins vont arriver par millions à Rome et que leur accueil « doit s'exprimer au-delà des œuvres structurelles et culturelles nécessaires mais également dans la possibilité de leur faire vivre l'expérience de la foi, de la conversion et du pardon, en rencontrant une communauté vivante qui en témoigne avec joie et conviction » (Discours aux participants de l'Assemblée plénière du Dicastère pour l'Évangélisation, Section pour les questions fondamentales de l'évangélisation dans le monde, 15 mars 2024).

Par ailleurs, l'arrivée de pèlerins du monde entier ne signifie pas que les habitants de la ville soient forcés de renoncer à leurs espaces et leurs privilèges à cause de ce grand événement. L'Année sainte peut « avoir un impact positif sur le visage même de la ville, en améliorant son apparence et en rendant les services publics plus efficaces, non seulement dans le centre mais aussi en favorisant le rapprochement entre le centre et les périphéries » (Visite au Capitole, 10 juin 2024). Je sais l'effort fourni dans ce sens par les autorités, locales et nationales, mais je vous demande de rester vigilants face à d'éventuels abus. Il faut éviter certains effets indésirables du Jubilé, comme la diminution drastique de l'offre locative pour les habitants de la ville à cause de la spéculation immobilière de ceux qui cherchent à se « sauver » en proposant des logements chers et temporaires aux pèlerins. J'appelle également à ce que les festivités ne soient pas une excuse pour dissimuler les problèmes de la ville en la « nettoyant » de ses pauvres et de ses sans-abri.

Nous savons que Rome est une ville comme aucune autre et que son esprit est universel. Mais « cet esprit veut être au service de la charité, de l'accueil et de l'hospitalité » (*ibid.*).

Le Jubilé nous permettra de transmettre ce message d'espérance au monde entier, quand des millions de frères et sœurs de toutes les latitudes afflueront à Rome pour faire leur pèlerinage et traverser les Portes saintes de la basilique Saint-Pierre et des autres églises de la ville. Souvenons-nous que, depuis que Boniface VIII a institué la première Année sainte en 1300, le peuple fidèle de Dieu a vécu cette célébration comme un don de la grâce, caractérisé par le pardon des péchés et, plus particulièrement, par l'indulgence qui est la pleine expression de la miséricorde de Dieu.

Saint-Paul VI considérait il y a plus d'un demi-siècle déjà que « la grâce du Jubilé s'obtient en effet au prix d'une mise en route et d'une marche vers Dieu, dans la foi, l'espérance et l'amour » (Paul VI, Exhortation apostolique *Gaudete in Domino*, VII, 9 mai 1975).

Il nous incombe, à nous les chrétiens, de répandre cette belle vertu à travers le monde, à cette époque charnière pour l'humanité. Tout cela ne sera possible que si nous sommes capables de retrouver un sens universel de la fraternité et de garder les yeux ouverts face à la tragédie de la pauvreté qui empêche des millions de personnes de vivre de manière digne et humaine. Dans la Bulle d'indiction, j'ai vraiment espéré que « le Jubilé soit pour chacun une occasion de raviver l'espérance » (*Spes non confundit*, Bulle d'indiction du Jubilé ordinaire de l'année 2025, 9 mai 2024).

La force de l'espérance

Il existe un aspect de l'espérance qui me semble pertinent dans notre réflexion concernant cette année de Jubilé. C'est l'importance de cultiver cette vertu par rapport à son contraire : le désespoir. Le désespoir est un mal qui nous afflige dans cette globalisation toujours croissante de l'indifférence et de la culture du moi. Je veux donc également vous appeler à ne pas succomber à la tentation de considérer l'espérance uniquement du point de vue de l'individu, mais de reconnaître sa force communautaire.

Laissez-moi partager ce qu'a récemment écrit le philosophe contemporain Byung-Chul Han. « Le culte de la positivité isole les personnes, les rend égoïstes et tue l'empathie en les poussant à ne plus s'intéresser à la souffrance de l'autre.

Chacun s'occupe uniquement de soi, de son bonheur, de son propre bien-être. Dans le système néolibéral, le culte de la positivité anéantit toute solidarité au sein de la société. À la différence de la pensée positive, l'espérance ne tourne pas le dos aux aspects négatifs de la vie. Elle leur laisse une place. De plus, elle n'isole pas les personnes mais, au contraire, les unit et les réconcilie. Le sujet de l'espérance est le "nous" » (Han Byung-Chul, Der Geist der Hoffnung [L'Esprit de l'espérance], 2024).

L'espérance nous aide à rester debout et à avancer. S'il arrive à chacun des chrétiens que nous sommes de la considérer comme notre ancre et notre voile, il faut que cela soit également le cas de l'Église. L'espérance est le moteur d'une Église *en sortie*[2], elle permet ce dynamisme que Dieu veut insuffler aux croyants et dont la Bible nous donne tant d'exemples, comme quand Abraham accepte l'appel à s'exiler vers un nouveau pays (*Genèse* 12, 1-3) ou quand Moïse entend Dieu et guide le peuple vers la Terre promise (*Exode* 3, 10-17).

L'espérance est également la vertu qui nous donne la force d'affronter au quotidien « les défis toujours nouveaux de la mission évangélisatrice de l'Église » et, afin d'accepter cette mission, de « sortir de [notre] propre confort et d'avoir le courage de rejoindre toutes les périphéries qui ont besoin de la lumière de l'Évangile » (Exhortation apostolique *Evangelii Gaudium*, 20, 24 novembre 2013).

---

2. Le pape François répète souvent qu'il souhaite faire de l'Église une Église « en sortie », active sur le terrain et tournée vers l'extérieur, vers ces fameuses « périphéries existentielles de l'humanité », un autre concept qui lui tient à cœur.

Cependant, plusieurs facteurs ont fait naître en nous une sorte de fatigue « que nous pourrions appeler la lassitude de l'espérance » (Messe avec les prêtres, les consacrés et les mouvements laïcs, Basilique Santa Maria la Antigua, Panama, 26 janvier 2019). C'est une sensation qui peut nous rendre amorphes face à l'intensité et l'abysse des bouleversements qui affectent notre société. Nous vivons un changement d'époque, bien plus qu'une époque de changements, et nous ne devons pas nous laisser vaincre par le désespoir.

Parce que ce désespoir, de plus en plus fréquent parmi nos frères et sœurs, est la responsabilité directe d'une Église blessée par son péché qui, tant de fois, n'a pas su entendre les cris parmi lesquels se cachait le cri de son Maître : « Mon Dieu, pourquoi m'as-tu abandonné ? » (*Matthieu* 27, 46).

Mais nous devons nous ouvrir à l'espérance que nous offre l'Évangile, elle est l'antidote contre l'esprit de désespoir qui se répand au sein de notre société. Elle est la vertu qui nous maintient à flot tandis que nous naviguons sur les eaux turbulentes du monde, un monde où les dangers ne cessent de se multiplier, de cette attirance pour le matérialisme qui asphyxie nos valeurs spirituelles et culturelles authentiques à cet esprit de compétition sans limite qui génère égoïsme et conflits. Nous, l'Église, ne sommes pas exempts de ces risques et de ces tentations.

Nous, les membres de l'Église, nous servons également de l'espérance comme d'un antidote contre ce que j'ai appelé « la mondanité spirituelle qui, à la différence de toutes les autres tentations, est difficile à démasquer parce qu'elle est recouverte de tout ce qui nous rassure habituellement : notre charge, la liturgie, la doctrine, la religiosité » (Discours à la curie romaine pour les vœux de Noël, 23 décembre 2021).

Pour ne pas sombrer dans ces comportements de désespoir, nous, les frères et sœurs de l'Église, devons avoir toujours plus souvent recours à l'humilité qui est cette « capacité de savoir *habiter* sans désespoir, avec réalisme, joie et espérance, notre humanité ; cette humanité aimée et bénie par le Seigneur » et de « comprendre que nous ne devons pas avoir honte de notre fragilité » (*ibid.*).

C'est le manque d'humilité qui nous a poussés à commettre des péchés, et parfois même à les étouffer et à les taire, blessant ainsi des milliers de personnes. Nous traversons toujours la crise causée par « les scandales d'hier et d'aujourd'hui » (Discours à la curie romaine pour les vœux de Noël, 21 décembre 2020). Nous avons commis des erreurs et nous sommes en train d'apprendre à ne jamais les répéter, à renforcer les contrôles et à juger ceux qui ont enfreint la loi.

L'espérance nous permet de créer une Église en sortie, « missionnaire », tournée vers les périphéries et les nouveaux environnements socioculturels. C'est la voile qui nous fait avancer en pleine mer.

L'important, c'est d'être en mouvement et de résister à la tentation de rester paralysés ou, pire, de sombrer dans les peurs qui se faufilent entre ces parois intérieures que nous érigeons nous-mêmes. Nous devons nous protéger de l'indiétrisme[3] et de la rigidité qui surgissent quand nous embrassons des idéologies qui, très souvent sous couvert de bonnes intentions, nous éloignent de la réalité et nous empêchent d'avancer.

Une Église missionnaire et en mouvement est une Église ouverte. Pensons à nos maisons : la porte que nous ouvrons pour sortir permet également de faire entrer un air frais et nouveau qui va nous « oxygéner ». En ouvrant nos portes et nos cœurs, nous dissipons cette odeur de naphtaline spirituelle, typique de celui qui ne se soucie que de ses propres intérêts et, par conséquent, n'apprend ni de ses péchés, ni à pardonner.

Ce sont les deux caractéristiques d'une personne fermée. Elle n'apprend pas de ses péchés et n'est pas ouverte au pardon. C'est « une terrible corruption sous l'apparence du bien. Il faut l'éviter en mettant l'Église en mouvement de sortie de soi, de mission centrée en Jésus-Christ, d'engagement envers les pauvres » (Exhortation apostolique *Evangelii Gaudium*, 97, 24 novembre 2013). Et quelle est la voile qui nous y conduira ? L'espérance.

Voilà la prophétie de l'Église aujourd'hui : elle veut que nous soyons des femmes et des hommes d'espérance, même quand nous avons des problèmes, parce que l'espérance « est libre, elle n'est pas esclave, elle trouve toujours une façon de régler la situation » (« Leçon d'une grand-mère », méditation matinale en la chapelle de la maison Saint-Marthe, 14 décembre 2015).

3. Néologisme cher au pape François, le mot vient de l'italien *in dietro* qui signifie en arrière. Ce concept désigne les idées rétrogrades des intégristes et des traditionalistes.

Nous devons pouvoir dire « comme la liberté, la magnanimité, l'espérance d'une femme ou d'un homme d'Église sont belles. À l'inverse, comme la rigidité d'une femme ou d'un homme d'Église est laide et fait du mal : la rigidité cléricale, qui n'a pas d'espérance » (*ibid.*).

Nous devons être vigilants face aux fausses espérances que le monde nous propose, démasquer leur inutilité et montrer leur absurdité ! Il nous faut tout particulièrement dénoncer la fausseté des idoles auxquelles l'être humain est continuellement tenté de faire confiance, celles qu'il est susceptible de considérer comme les objets de son espérance.

À Buenos Aires, je marchais beaucoup, et il m'arrivait de traverser des parcs. Je me souviens d'avoir, plusieurs fois, observé ces tables au bord des pelouses où s'installent des voyants en tout genre. Les files étaient toujours immenses. Les choses allaient vite : une personne s'approchait, on lui lisait les lignes de la main et on lui racontait une histoire qui ressemblait à toutes les autres : il y a une femme dans votre vie, je vois un nuage sombre approcher, mais tout ira bien. Des phrases toutes faites, convenues et prévisibles. Mais les gens semblaient contents finalement, ils payaient et s'en allaient. Nous pensons que c'est ça la vraie réassurance. Non. Ce ne sont que des idoles et, en les écoutant, nous n'achetons rien d'autre que de fausses espérances.

Nous avons beau disposer de cette espérance que nous a offerte Jésus-Christ en donnant sa vie pour nous, il nous arrive de la rejeter parce que nous nous en méfions. Il est parfois difficile pour le peuple de Dieu d'avoir confiance quand, très souvent, nous avons, depuis l'Église, conspiré pour empêcher cette levure de monter. Par nos péchés, nous avons limité les graines qui, comme le sénevé évoqué dans la Bible, pouvaient semer un nouvel horizon pour nos frères et sœurs. Mais il est encore temps de demander pardon et de redonner de l'espérance.

Nous avons tant besoin d'espérance que je tiens à répéter l'immense douleur et l'immense honte que j'éprouve toujours face aux dommages irréparables causés aux enfants, filles et garçons, et aux adultes du monde entier, par les abus sexuels d'un clergé qui profitait consciemment de son pouvoir.

Parce que nous avons besoin d'espérance, je veux demander pardon pour les péchés commis par des milliers de chrétiens partout dans le monde contre les peuples indigènes.

Parce que nous avons besoin d'espérance, je veux demander pardon à tous les pauvres et les laissés-pour-compte du monde à chaque fois qu'un chrétien leur a tourné le dos.

Parce que nous avons besoin d'espérance, je veux demander pardon pour toutes les fois où un membre de l'Église s'est laissé corrompre et a trahi la confiance de nos frères et sœurs.

Parce que nous avons besoin d'espérance, je veux demander pardon pour toutes les persécutions, de toutes les époques, qui ont eu lieu au nom de Dieu.

Demander pardon est nécessaire mais cela ne suffit pas. Nos mots de repentance n'effaceront jamais tout le mal qui a été causé. Mais nous voulons regarder les victimes dans les yeux, ainsi que les membres de nos communautés et la société, et les inviter à rejoindre, en pèlerins, notre chemin d'espérance. Demander pardon est un premier pas obligatoire.

Personne ne se sauve seul

Partout dans le monde, la généralisation de l'indifférence exacerbe la culture du moi et réduit, un peu plus à chaque fois, les lieux accueillant des groupes au sein desquels nos frères et sœurs pourraient se retrouver. De nombreux espaces communautaires sont devenus la cible d'un certain discours hégémonique qui, fondement philosophique d'un capitalisme toujours un peu plus sauvage, cherche à consacrer l'individualisme exacerbé comme seule dimension possible pour se réaliser en tant qu'être humain.

À une époque où presque tout est devenu liquide ou léger (*La Vie liquide*, Zygmunt Bauman, 2006 et *De la légèreté*, Gilles Lipovetsky, 2015), l'espérance nous parle au contraire d'une réalité enracinée au plus profond de l'être humain, indépendamment des circonstances concrètes et des conditionnements historiques où elle a lieu. Elle nous parle d'une soif de plénitude, de vie réussie, d'un esprit qui aspire à s'élever vers de grandes choses comme la vérité, la bonté, la beauté, la justice et l'amour.

C'est pour cela que l'espérance requiert également d'être disposé à ne pas se laisser séduire par l'éphémère et le volatile, par l'hédonisme creux et les promesses d'un plaisir immédiat, autoréférentiel et égoïste. Par les idoles et les faux prophètes.

L'espérance est courageuse, elle regarde au-delà du confort personnel, des petites sécurités et des privilèges qui limitent l'horizon, afin de nous ouvrir à de grands idéaux qui rendent la vie plus belle et plus digne.

Benoît XVI a sagement écrit qu'« en tant que chrétiens, nous ne devrions jamais nous contenter de nous demander : comment puis-je me sauver moi-même ? Mais nous demander également : que puis-je faire pour que les autres soient sauvés et qu'ils voient eux aussi l'étoile de l'espérance ? Alors, j'aurai fait le maximum pour mon salut personnel » (Benoît XVI, Lettre encyclique *Spe Salvi*, 48, 30 novembre 2007).

Il existe un proverbe africain qui dit : « Si tu veux aller vite, marche seul, mais si tu veux aller loin, marchons ensemble. » De la même manière, l'espérance qui nous a été donnée ne nous sépare pas des autres, et elle ne nous pousse pas à les mépriser ni à les marginaliser (Audience générale, 15 février 2017). Il s'agit au contraire d'un don extraordinaire dont nous sommes appelés à devenir les « canaux », avec humilité et simplicité, pour tous et avec tous.

La pandémie qui a frappé le monde entier il y a quelques années, l'interconnexion des défis de l'humanité et la menace, toujours plus grande, d'une troisième guerre mondiale nous rappellent que personne ne peut se sauver seul et que, pour cette raison, il est impossible de penser l'espérance dans la solitude.

Si nous espérons, c'est parce que nombre de nos frères et sœurs nous ont montré comment faire et qu'ils ont su garder en nous cette flamme de l'espérance. C'est l'exemple quotidien que nous donnent ceux que l'on ne voit pas forcément mais qui sont pourtant bien là : les enfants, les pauvres, les modestes, les marginaux. L'espérance n'existe pas chez celui qui se referme sur lui-même et cherche uniquement son propre bien-être.

L'espérance chrétienne n'est pas seulement un souffle personnel ou individuel, sinon communautaire et ecclésial. Nous espérons tous, nous cultivons tous l'espérance, car « un chemin d'espérance requiert une culture de la rencontre, du dialogue, qui dépasse les contrastes et l'affrontement stérile » (Salut aux jeunes du Centre culturel Père Félix Varela, La Havane, Cuba, 20 décembre 2015).

Parmi les plus belles représentations de cette vertu, il y a celle de ce poète français qui nous dit avec ses mots si beaux que Dieu n'est pas vraiment étonné de la foi des êtres humains ni de leur charité. Ce qui l'émerveille vraiment, c'est leur espérance : « Que ces pauvres enfants voient comme tout ça se passe et qu'ils croient que demain ça ira mieux » (Charles Péguy, *Le Porche du mystère de la deuxième vertu*).

Ces vers me reviennent en tête quand je pense aux visages « de tous ces gens qui sont passés dans ce monde – paysans, pauvres, ouvriers, migrants en quête d'un meilleur avenir – et qui ont lutté avec ténacité, malgré l'amertume d'un quotidien difficile et de ses épreuves, animés par la confiance que leurs enfants auraient une vie plus juste et sereine. Ils ont lutté pour leurs enfants, ils ont lutté dans l'espérance » (Audience générale, 27 septembre 2017). Qu'ils soient les héros du Jubilé, qu'à l'heure de devenir les pèlerins de l'espérance nous pensions à leurs visages.

I

Le visage d'une femme enceinte

Au début du XXe siècle, l'artiste Gustav Klimt a peint deux tableaux intitulés Espoir I (1903) et Espoir II (1907). Chacun représente une femme enceinte, un symbole évident d'espérance. Dans le premier tableau, la femme a les mains jointes posées entre son ventre et sa poitrine et regarde le spectateur droit dans les yeux. Elle est entourée par la mort et d'autres figures ténébreuses, pourtant elle semble en paix et sereine. Le peintre, comme il l'expliquera des années plus tard, a voulu transmettre un message : « C'est en elle que surgissent la beauté et l'espérance, nulle part ailleurs. Et elle l'exprime à travers son regard. »

C'est un tableau d'une grande force. Personnellement, dès que je parle d'espérance, je vois toujours le visage d'une femme enceinte. Je me dis qu'elle va chez son médecin pour qu'il lui fasse une échographie et que, en apercevant l'enfant qu'elle porte dans son ventre, elle exsude le bonheur à travers tous les pores de sa peau. Tous les jours, elle se touche le ventre pour sentir cet enfant qu'elle ne connaît pas encore, elle pense à son prénom, elle vit à l'attendre.

Nous savons que « la grossesse est une étape difficile mais aussi une période merveilleuse » (Exhortation apostolique *Amoris Laetitia*, 168, 19 mars 2016). Quand une femme prend conscience qu'elle est enceinte, elle apprend à vivre chaque jour dans l'espoir de voir le regard de cet enfant. C'est ça l'espérance.

Un passage des Écritures évoque une très belle image, que Jésus a laissée à ses disciples durant la cène : « La femme, lorsqu'elle va donner le jour à un enfant, éprouve de la tristesse, parce que le moment de souffrir est arrivé ; mais une fois l'enfant mis au monde, elle ne se souvient plus de la souffrance, grâce à la joie qu'elle a qu'un homme soit né dans le monde » (*Jean* 16, 21). L'amour maternel met la vie en lumière et donne même un sens à la douleur. L'amour est le moteur qui fait avancer notre espérance. C'est pour cela que l'image de la femme enceinte comme visage symbolique de cette vertu me plaît tant.

Nous avons également l'exemple de Marie qui accueille à bras ouverts l'annonciation de l'Archange malgré son très jeune âge et bien qu'elle ne sache pas exactement ce que lui réserve l'avenir. Ainsi, Marie fait confiance et devient, en un instant, une des nombreuses mères de ce monde. Elle a le courage incomparable d'accueillir dans son propre ventre l'histoire d'un nouvel homme qui va naître. Le courage d'avoir espoir en l'humanité.

Que nous enseignent toutes ces images ? Que le besoin d'espérance dans le monde d'aujourd'hui se traduit par le besoin de promouvoir la natalité.

Nombreux sont ceux qui ont voulu nous inculquer leurs théories eugéniques selon lesquelles nous serions déjà trop nombreux. D'autres ont cherché des raisons néo-malthusiennes pour justifier cette culture du déchet[4] qui menace d'effacer de la surface de la Terre des millions de nos frères et sœurs. J'ai toujours été étonné de la façon dont « ces études, désormais anciennes et obsolètes, parlaient des êtres humains comme s'ils s'agissaient de problèmes. Mais la vie humaine n'est pas un problème, c'est un don » (Discours aux participants à la quatrième édition des états généraux italiens de la natalité, 10 mai 2024). Par conséquent, à chaque fois que nous croisons une femme enceinte, nous devons nous rappeler que c'est en elle que pousse la véritable espérance de l'humanité.

Pour un printemps de l'espérance face à l'hiver démographique

Un des défis majeurs de la révolution de l'espérance dont nous allons devenir les pèlerins durant cette Année sainte, c'est de réussir à inverser l'hiver démographique qui s'abat sur plusieurs régions du monde.

---

4. Concept propre au pape François qui représente celles et ceux que notre société consumériste met de côté, des femmes et hommes en situation de fragilité ou de précarité.

À vrai dire, les naissances sont le principal indicateur de mesure de l'espérance au sein d'un peuple (Discours aux participants de la troisième édition des états généraux de la natalité, 12 mai 2023). Peu de naissances signifie peu d'espérance. Il ne s'agit pas seulement de l'impact sur le PIB d'un pays ou l'économie d'une région. C'est une question plus profonde : comment pourrions-nous avoir confiance dans un avenir sans enfant ?

La baisse de la natalité est une véritable urgence sociale, un signal d'alarme qui s'est enclenché il y a des années déjà mais qui, dans un monde toujours plus marqué par les guerres, la pauvreté et la famine, semble avoir été relégué au second plan. Si nous continuons à l'ignorer, nous prenons le risque que, quand il reviendra au premier, il soit déjà trop tard.

Il est vrai que, dans de nombreux pays, fonder une famille représente un coût économique de plus en plus lourd, ce qui, hélas, conditionne l'état d'esprit des jeunes générations qui grandissent dans l'incertitude, la désillusion et la peur. Nous constatons, surtout dans les pays dits « en développement », que des milliers de jeunes qui voudraient devenir parents finissent par mettre ce rêve de côté parce qu'ils ont peur de relever un tel défi. Apparaissent alors les substituts faciles pour combler leur quotidien, comme le consumérisme exacerbé, l'illusion d'une réalisation personnelle dans la solitude, la sacralisation du temps libre. Le désir de faire partie d'une famille est ainsi anesthésié et devient une utopie lointaine.

Une telle attitude ne fait qu'appauvrir notre famille humaine. C'est une « pauvreté tragique car elle frappe les êtres humains dans leur plus grande richesse : mettre au monde des vies pour en prendre soin, transmettre avec amour aux autres l'existence reçue » (Salutation aux participants à la deuxième édition des états généraux de la natalité, 12 mai 2022). C'est une forme de résignation et de conformisme qui assombrit nos cœurs. Notre espérance se désintègre : nous cessons d'espérer de grandes choses.

L'agrandissement de la famille humaine – car au fond, il s'agit de ça – devrait être une valeur partagée, reconnue et soutenue par tous. Il s'agit d'avoir espoir dans une vie commune qui dépasserait les existences solitaires où naissent l'individualisme extrême et l'hédonisme rampant de notre époque.

N'oublions pas : le tout est supérieur aux parties. Parce que les enfants qui viennent au monde ne sont pas seulement un don pour leurs familles mais également des personnes qui contribueront, au fil de leur vie, à l'évolution de la société, en y apportant une richesse humaine et générationnelle. Agrandir la famille de chacun est aussi une façon d'enrichir l'humanité.

Dans les débats sociaux, politiques et médiatiques, on entend de moins en moins parler des droits de la famille, lesquels sont supplantés par les besoins des individus. Pourtant, je suis convaincu que « la famille est un bien dont la société ne peut pas se passer mais elle doit être protégée. » (Exhortation apostolique *Amoris Laetitia*, 44, 19 mars 2016).

Nous observons, par exemple, combien il est à chaque fois un peu plus difficile pour les femmes d'éviter le piège du faux dilemme que leur dépeint la société actuelle et qui les pousserait à devoir choisir entre carrière et enfants. Ou combien elles ont souvent à charge de s'occuper des personnes non autonomes de leur famille et que cette responsabilité frappe de plein fouet leurs perspectives de maternité.

Face à un problème aussi intégral que celui de l'hiver démographique qui menace, il nous faut des réponses à la hauteur. Les chiffres montrent que, dans plusieurs pays européens, les naissances annuelles sont au plus bas depuis cinquante ans.

Pour lancer cette révolution qui multipliera les visages de l'espérance que sont les femmes enceintes, nous avons besoin que les mondes politique, entrepreneurial et social travaillent ensemble et de tous nous réunir « pour réfléchir à la façon de passer de l'hiver au printemps démographique » (Discours aux participants à la troisième édition des états généraux de la natalité, 12 mai 2023).

En effet, l'espérance nous pousse à agir et à trouver des solutions afin de construire une société à la hauteur du moment historique que nous sommes en train de vivre – un moment caractérisé par de multiples injustices. Encourager la natalité signifie aussi combattre les formes d'exclusion sociale qui affectent les jeunes et leur avenir. Pour vous donner un exemple extrêmement concret : avec quel argent seront financées les retraites et les pensions des travailleurs de demain s'il n'y a pas d'enfants pour travailler ?

L'absence d'une vision à long terme et d'un sentiment communautaire nous a déconnectés de l'histoire. Nous ne regardons plus le passé et ne pensons plus à l'avenir, ce qui nous empêche de prendre conscience de tout ce que nous devons à notre famille humaine. Nous vivons dans le présent perpétuel du selfie.

Nous avons une mémoire dans laquelle nous ancrer, un avenir à léguer à ceux qui viendront après nous. Hélas, « la baisse de la natalité qui provoque un vieillissement des populations, associée à l'abandon des personnes âgées à une douloureuse solitude, est une façon subtile de signifier que tout se réduit à nous, que seuls nos intérêts individuels comptent » (Lettre encyclique *Fratelli tutti* sur l'amitié et la fraternité sociale, 19, 3 octobre 2020). Ils ont voulu nous faire croire qu'il existait une « fin de l'histoire » pour nous imposer l'étape la plus sauvage de leur capitalisme assassin, et maintenant ils veulent nous faire croire que cette fin de l'histoire est en nous, pour que la famille humaine cesse de grandir.

Les responsables politiques doivent comprendre que ce déclin de la natalité est sans précédent. Si l'on ne fait rien, cet hiver démographique, qui ne devait être qu'une saison passagère, pourrait devenir permanent et menacer l'existence même de l'être humain sur terre.

La situation est critique, mais nous disposons encore d'une marge de manœuvre. Ne laissons pas le fait de fonder une famille devenir un rêve inatteignable : transformons-le en un projet réalisable. Rendons espoir aux femmes et aux hommes qui rêvent de devenir parents. Cette mission nous concerne tous. Nous avons besoin de politiques publiques inventives et globales, et d'une vision de l'avenir qui fasse la part belle à la famille.

Je sais que certains pays d'Europe ont réussi à maintenir un taux de natalité stable en instaurant des politiques économiques avantageuses, notamment en limitant le prix des crèches et des produits de puériculture. Dans ces cas-là, c'est l'État qui, en partenariat avec le secteur privé, a su prendre des décisions et créer un cadre où, à l'heure de vouloir fonder une famille, le coût financier n'est plus une question déterminante.

Le secteur privé doit lui aussi s'organiser pour garantir des emplois suffisamment stables, synonymes de sécurité pour les foyers. Le désir d'enfant d'une femme ne devrait, par exemple, jamais faire l'objet d'une question durant un entretien professionnel, comme s'il s'agissait d'un filtre à l'embauche.

Une autre initiative serait de freiner les processus d'émigration de nos jeunes. Si fonder une famille est déjà difficile dans son propre pays, imaginez-vous à l'étranger, sans le soutien affectif et pratique de nos proches.

Nous savons aussi qu'il ne suffit pas de mettre un enfant au monde pour se déclarer père ou mère. Sans responsabilité, l'ADN ne suffit pas. Ainsi, je considère qu'une nouvelle plaie vient entailler le corps de l'Enfant Jésus à chaque fois qu'un père ou une mère « s'effacent » et abandonnent leurs enfants, en les livrant à eux-mêmes, sans l'aide nécessaire.

Devenir parent signifie devenir responsable de quelqu'un. C'est ce qu'a fait Joseph en reconnaissant juridiquement l'Enfant Jésus et lui donnant son nom, qui signifie « Dieu sauve ». Il a ainsi obéi à l'ordre du Seigneur annoncé en rêve par l'ange : « Parce qu'il sauvera son peuple de ses péchés » (*Matthieu* 1, 21). Dans de nombreux pays, les pouvoirs judiciaires protègent de mieux en mieux les intérêts de l'enfant quand l'un de ses deux parents ne respecte pas ses obligations.

Je pense également à la nécessité de favoriser l'accès à l'adoption, que je considère comme une des « formes les plus élevées d'amour, de paternité et de maternité » (Audience générale, 5 janvier 2022). Il existe des millions d'enfants dans le monde qui attendent que quelqu'un s'occupe d'eux, de la même façon qu'il existe des milliers de maris et de femmes qui veulent devenir parents mais ne peuvent pas pour des raisons biologiques, ou bien qui ont déjà des enfants mais souhaitent agrandir leur famille. Des hommes et des femmes qui veulent continuer de répandre l'espérance sur le monde.

Je tiens à répéter que « le déclin démographique, dû à une mentalité antinataliste et encouragée par les politiques mondiales de santé reproductive, entraîne non seulement une situation où le renouvellement des générations n'est plus assuré, mais risque de conduire à terme à un appauvrissement économique et à une perte d'espérance en l'avenir » (Exhortation apostolique *Amoris Laetitia*, 42, 19 mars 2016).

La famille est l'antidote principal contre la pauvreté matérielle et spirituelle qui ne cesse de croître à travers le monde, mais également contre l'hiver démographique qui menace l'Occident et qui, si nous n'agissons pas vite, aura bientôt des conséquences sur le reste du monde.

La famille, graine de paix et d'espérance

Partout où il existe une famille, il existe de l'amour. Il existe une graine de paix et d'espérance. Je ne cherche pas à idéaliser les familles, loin de là. Toutes connaissent des disputes où les assiettes volent en éclats. Nous nous sommes tous mis un jour en colère contre un parent ou un enfant. Mais j'aime penser que ces situations familiales sont comme la croix et la résurrection (Fête des familles et veillée de prière au Benjamin Franklin Parkway, Philadelphie, 26 septembre 2015). Nous nous disputons violemment, puis nous nous pardonnons. Et la famille n'en ressort que plus forte.

Comme la femme enceinte, la famille est elle aussi un visage de l'espérance. Si les familles connaissent évidemment des difficultés, elles les surmontent grâce à l'amour. Parfois, une épreuve peut vite se transformer en dispute : songez aux nuits sans sommeil des jeunes parents avec leur nouveau-né. Parfois, un problème au travail peut affecter un couple. Mais la famille est la graine d'amour qui permet de surmonter ces difficultés. La haine ne sera jamais en mesure de nous montrer ce chemin-là.

La famille parfaite n'existe pas. Il ne faut pas craindre l'imperfection, la fragilité ni même les conflits : il faut apprendre à les affronter de manière constructive. Ainsi, une famille où tout le monde s'aime en connaissant les limites et les péchés de chacun devient une véritable école du pardon.

Les familles ne sont pas statiques, il ne faut pas les envisager comme des objets de musée. Ce sont des lieux d'amour dans lesquels nous apprenons à donner de notre personne, à faire des compromis réciproques, à nous ouvrir avec générosité aux autres et à être au service de la société. Évoluer dans un tel environnement, depuis l'enfance, nous prépare à un monde où la cohabitation et le dépassement des conflits à travers le dialogue constituent la forme la plus saine de vivre ensemble, avec nos frères et sœurs.

Dans toutes les sociétés, la famille est une source de paix parce qu'elle nous enseigne l'amour, l'acceptation et le pardon, qui sont les meilleurs antidotes contre la haine, le préjugé et la vengeance qui empoisonnent la vie des personnes et des communautés (Fête des familles au stade de Croke Park, Dublin, Irlande, 25 août 2018). Je souhaite souligner une fois de plus que « la fraternité commence habituellement à s'apprendre au sein de la famille » qui « par vocation, devrait gagner le monde par son amour » (Message pour la XLVIIe Journée mondiale de la paix, 1er janvier 2014) et contribuer à faire grandir cet esprit de service et de participation qui construit la paix. Avoir espoir dans la famille, c'est avoir espoir dans la paix.

Parce que j'aurai toujours espoir dans un avenir de fraternité et de paix, je veux dire aux jeunes que oui, cela vaut la peine de parier sur la famille, et qu'à travers elle, vous trouverez les meilleures motivations pour mûrir et les plus belles joies à partager. Au-delà des difficultés que vous pourrez rencontrer, ne vous laissez pas berner par ceux qui vous proposent une vie de débauche individualiste qui ne conduit, finalement, qu'à l'isolement et à la solitude (Exhortation apostolique *Christus vivit*, 263, 25 mars 2019).

Fonder une famille est une des plus belles façons d'être révolutionnaires. C'est vouloir voir l'amour vaincre la haine et devenir des pèlerins de l'espérance, au sein d'une culture où règnent le provisoire et le relatif. Face à un monde où beaucoup proclament que l'important c'est de profiter de l'instant, que cela ne vaut pas la peine de s'engager pour la vie ni d'opter pour une option définitive, je vous appelle à faire l'expérience de cet amour supérieur qu'est la famille.

La famille doit être défendue au quotidien. D'abord parce qu'elle est menacée par les colonisations idéologiques de ceux qui cherchent à la comparer à des modèles où tout se passe au niveau individuel, mais également parce que nombre d'entre elles vivent dans des conditions réellement difficiles, au point de manquer parfois du minimum nécessaire pour survivre.

La déclaration universelle des droits de l'homme définit la famille comme l'élément naturel et fondamental de la société. Ainsi, attaquer la famille c'est, au fond, tous nous attaquer. Dans des sociétés toujours un peu plus fragmentées, les familles ne sont plus nécessairement exemptes de ce sentiment de déracinement et d'abandon qui se propage.

Si nous voulons réhabiliter des sociétés fortes où le sentiment de communauté s'impose face aux individualismes, il faut commencer par réhabiliter la famille. Et, pour cela, protéger la dignité de toute vie humaine est notre priorité la plus urgente.

La défense de la vie et de la famille

Le lien particulier qui unit une mère et l'enfant qu'elle porte dans son ventre relève d'un amour réel et intense. Ces deux êtres humains communiquent dès les premiers instants de la conception pour s'adapter mutuellement à mesure que l'enfant grandit et se développe. C'est pour cela que nous nous inquiétons de constater l'avancée, un peu partout, de prétendues méthodes préventives qui visent à sélectionner et écarter les enfants atteints de pathologies diverses. Sur ce point, l'enseignement de l'Église est clair : la vie humaine est sacrée et inviolable et l'usage d'un diagnostic prénatal à des fins sélectives doit être fortement découragé, parce qu'il est l'expression d'une mentalité eugéniste inhumaine qui prive les familles de la possibilité d'accueillir, d'embrasser et d'aimer leurs enfants les plus fragiles.

L'avortement n'est pas une question de foi mais d'humanité. C'est un problème prérelígieux. Personne ne devrait pouvoir s'octroyer le droit sur la vie d'un autre être humain : encore moins si la victime ne peut pas se défendre. L'Académie pontificale pour la vie nous a récemment rappelé qu'« à l'heure des droits humains universels, il ne peut pas exister un "droit" à supprimer une vie humaine » (Déclaration de l'Académie pontificale pour la vie, 4 mars 2024).

Comme à l'époque des petits miroirs colorés[5], il y a une pression croissante au sein des forums internationaux de promouvoir une acceptation toujours plus irréfléchie de l'avortement. Cette pression se cache, très souvent, dans l'attribution d'aides budgétaires et financières aux pays les plus pauvres.

Il n'est pas inutile de répéter que « la paix exige avant tout que la vie soit défendue, un bien qui est aujourd'hui mis en danger non seulement par les conflits, la famine et les maladies mais aussi, trop souvent, par le ventre maternel, qui revendique un prétendu "droit à l'avortement" » (Discours aux membres du corps diplomatique accrédité auprès du Saint-Siège pour la présentation des vœux pour la nouvelle année, 9 janvier 2023).

Souvenons-nous des mots du deuxième concile du Vatican : « La vie doit être préservée avec un soin extrême dès la conception, l'avortement et l'infanticide sont des crimes

5. C'est une métaphore pour dire une grande trahison. Une référence aux Espagnols qui échangèrent l'or des Indiens d'Amérique contre des petits miroirs colorés.

abominables » (Constitution pastorale, *Gaudium et Spes*, 51, 7 décembre 1965).

Il existe une culture du déchet qui « considère l'être humain en lui-même comme un bien de consommation, qu'on peut utiliser et ensuite jeter » (Exhortation apostolique *Evangelii Gaudium*, 53, 24 novembre 2013), et celle-ci nous menace à tous les niveaux : individuel, familial et social. Une des formes les plus macabres de cette culture, c'est l'avortement, une pratique de plus en plus généralisée du fait des importantes campagnes idéologiques de certains centres de pouvoir, et que nous ne pouvons pas décrire autrement que comme un homicide.

Ainsi, de la même façon que nos gouvernements doivent travailler activement à promouvoir des politiques natalistes, ils doivent également s'engager à protéger les droits des plus faibles et éradiquer cette culture du déchet.

Hélas ces dernières années, une autre pratique s'est répandue qui, au nom des droits d'une minorité, colonise et esclavagise les corps de milliers de femmes, en les privant totalement de leur dignité. Je parle de la gestation pour autrui.

La position du Vatican est claire sur ce point, comme je me souviens de l'avoir évoqué cette année avec des ambassadeurs du monde entier : « La voie de la paix exige un respect de la vie, de toute vie humaine, à partir de celle de l'enfant à naître dans le ventre de sa mère, qui ne saurait être supprimée ni devenir un objet de marchandage. »

C'est pour cela que je répète une fois de plus la condamnation absolue de cette pratique qui « lèse gravement la dignité de la femme et de l'enfant, et se fonde sur l'exploitation d'une situation de nécessité matérielle de la mère » (Discours aux membres du corps diplomatique accrédité auprès du Saint-Siège pour la présentation des vœux pour la nouvelle année, 8 janvier 2024). Mû par la conviction humaine qu'un enfant est toujours un don du ciel et jamais un objet de contrat, je m'unis aux demandes de plusieurs gouvernements de considérer la gestation pour autrui comme un délit universel.

Malgré les tentatives de plusieurs pays d'en faire un commerce lucratif, il ne peut exister selon nous de gestation pour autrui « éthiquement propre » quand ce sont des enfants qu'on commercialise. Les femmes qui portent ces enfants qui ne sont pas les leurs sont exploitées mentalement et physiquement par une industrie soi-disant reproductive. Elles proviennent en majorité de milieux ou de pays pauvres et, par nécessité économique, se soumettent à vendre leurs corps pour qu'ensuite l'enfant qu'elles ont mis au monde leur soit arraché et soit confié à d'autres femmes qui, elles, proviennent en majorité de milieux aisés et de pays occidentaux.

Et c'est ainsi que se reproduisent les schémas colonialistes et esclavagistes que nous pensions éradiqués dans une bonne partie du monde.

Ces menaces ne doivent pas empêcher l'Église de travailler à une pastorale qui aiderait à soigner les blessures de toutes les femmes qui se sont fait avorter ou ont été victimes de cette nouvelle forme d'esclavage moderne qu'est la gestation pour autrui. Notre devoir est de les consoler.

Elles ont été, sont et seront les visages de l'espérance. Elles sont, en outre, les véritables victimes de ces problématiques. Nous ne devons donc jamais perdre de vue le point essentiel de notre pastorale : « Nous devons toujours manifester ce signe : l'option pour les derniers, pour ceux que la société rejette et met de côté » (Exhortation apostolique *Evangelii Gaudium*, 195, 24 novembre 2013). Nous devons nous demander si, en tant qu'Église, nous avons été à la hauteur et avons accompagné correctement les femmes qui se sont fait avorter, surtout celles qui vivent dans des contextes précaires.

Pour nous, la question ne saurait se réduire au fait de pardonner ou non. Il s'agit d'abord de victimes : nous devons donc les accompagner. « Il faut être dans le confessionnal, là tu dois donner la consolation, ne rien punir. Très souvent, quand elles pleurent et ont cette angoisse, je les rassure : "Ton enfant est au ciel, parle avec lui. Chante-lui la berceuse que tu n'as pas pu lui chanter." Il est là le chemin de la réconciliation entre la mère et son enfant. Avec Dieu, il est déjà là : c'est le pardon de Dieu » (Conférence de presse dans l'avion de retour du Panama, 27 janvier 2019).

Plus le Jubilé de l'espérance approche, plus je tiens à rappeler ma position sur ce point, comme je l'ai prouvé à l'occasion de l'Année sainte de la Miséricorde de 2016 en offrant mon écoute et mon pardon à toutes les femmes qui souhaitaient confesser avoir eu recours à l'avortement, sans qu'il y ait besoin d'une autorisation préalable de l'évêque du diocèse.

Pour nous, l'avortement reste un péché mais « je peux et je dois affirmer qu'il n'existe aucun péché que ne puisse rejoindre et détruire la miséricorde de Dieu quand elle trouve un cœur contrit qui demande à se réconcilier avec le Père » (Lettre apostolique *Misericordia et misera*, 20 novembre 2016).

De son côté, l'Église a opéré des avancées fondamentales pour ne plus empêcher les mères célibataires ayant choisi d'avoir un enfant hors mariage d'avoir accès aux sacrements. De la même façon que nous devons mieux accompagner celles qui ont décidé d'avorter et savoir les pardonner, il est nécessaire que nous prenions nos distances avec les formalismes rigides afin de nous occuper de celles qui ont décidé de mener leur grossesse à terme malgré un océan de difficultés.

Sur ce point, le Dicastère pour la Doctrine de la foi a été clair quand il a demandé de mettre fin à l'hypocrisie qui nie les sacrements à toute femme qui a eu le courage de garder son enfant en dépit du chant des sirènes de l'avortement (Lettre à S.E. Mons. Ramon Alfredo de la Cruz Baldera, évêque de San Francisco de Macoris, République dominicaine, sur l'accès à la communion eucharistique des femmes célibataires, 13 décembre 2023).

La dignité de chaque personne est inviolable, quelles que soient les circonstances. Tout être humain est un projet d'amour de Dieu le Père qui nous fait, gratuitement, le don de la vie. Ainsi, nous venons au monde dès le moment où notre mère nous porte avec espérance dans son ventre. Enfants, nous avons tous connu le regard sans pareil de notre mère. Soyons désormais les pèlerins de l'espérance et portons-la à l'humanité entière, en commençant sous notre toit, avec l'amour d'une famille.

La dignité de la femme

Respecter la dignité de tous est un des thèmes centraux du christianisme, car la vie de chaque personne est sacrée puisque créée à l'image de Dieu (*Genèse* 1, 26-27). Cette dignité vaut pour les hommes comme pour les femmes. La Conférence mondiale sur les femmes de Pékin a eu lieu il y a presque trente ans. Elle appelait à ce que ces dernières jouent un rôle essentiel et unique à tous les niveaux de la société en prenant courageusement les rênes, au service du bien commun.

Hélas, nous constatons encore aujourd'hui que, sous de nombreuses latitudes et dans trop de situations, les femmes sont toujours laissées pour compte et restent victimes d'esclavagisme, de trafic, de violence, d'exploitation et de traitements dégradants.

Nous ne cesserons jamais de nous battre pour leur octroyer la dignité qu'elles méritent. Il est lamentable de constater que « malgré les engagements pris par tous les États de respecter les droits humains et les libertés fondamentales de chacun, aujourd'hui encore, les femmes sont considérées comme des citoyens de seconde classe dans de nombreux pays » (Discours aux membres du corps diplomatique accrédité auprès du Saint-Siège pour la présentation des vœux pour la nouvelle année, 9 janvier 2023). Il reste beaucoup à faire pour passer du discours à l'action, pour qu'elles cessent de faire l'objet de violence et d'abus et qu'on leur permette un accès complet à la possibilité d'étudier, de travailler et d'exploiter leurs capacités.

Je tiens à réitérer mon rejet le plus absolu de toute forme de discrimination à l'encontre des femmes. Nous devons exercer une égalité totale. Et si ce processus semble parfois « endormi » par les hommes au pouvoir, il serait intéressant d'envisager, dans les endroits où ce serait nécessaire, l'introduction de quotas minimum (la fameuse discrimination positive) pour garantir une égalité totale d'opportunités et permettre une véritable avancée de l'humanité qui inclurait tout le monde. De multiples études montrent que les femmes sont les premières victimes de la pauvreté, de l'exploitation, du manque d'éducation ou d'aide sanitaire.

À l'heure de poursuivre une carrière professionnelle ou académique, et malgré ce que prétendent certains discours méritocrates à l'extrême, ces facteurs rendent impossible l'existence d'un point de départ égalitaire entre les hommes et les femmes. Cet abysse fondamental se creuse un peu plus quand les femmes sont pauvres ou noires.

Nombreuses sont les formes de pauvreté et de privation qui affectent principalement les femmes. Celles-ci, surtout dans un contexte de précarité économique et de non-accès aux études, ont plus de risques de souffrir d'abus sexuel et de maternité infantile. Quelle espérance pouvons-nous avoir dans un monde qui maltraite celles qui donnent le jour à ses futurs habitants ?

Sur ce sujet, il faut refuser toute mesquinerie politique et idéologique. Aucun « -isme » ne doit pouvoir servir d'excuse et permettre de défendre ou justifier le machisme effréné qui piétine la dignité de la femme, voire la tue parfois. C'est une question d'humanité.

La présence de la femme au sein de la société participe au bien de tous. Souvenons-nous que « l'humanité sans la femme est seule. Une culture sans la femme est seule. Là où il n'y a pas de femme, il y a la solitude, une solitude aride qui génère tristesse et toute sorte de dommages à l'humanité. Là où il n'y a pas de femme, il y a la solitude » (Discours aux participants de l'Assemblée générale de l'Union mondiale des organisations féminines catholiques – UMOFC –, 13 mai 2023).

Il existe des situations qui nous poussent à nous demander si l'identité anthropologique de la femme ne fait pas face à un double danger : d'un côté, on cherche à la nier afin de ne pas assurer la promotion effective de son rôle dans la société qui, au-delà de ce qu'affirment des douzaines d'accords internationaux, doit être un impératif moral pour tous. De l'autre, l'identité de la femme risque d'être instrumentalisée par des disputes politiques et idéologiques, souvent lancées par des groupes de réflexion qui ignorent la beauté avec laquelle elle a été créée et qui, dans un progressisme de façade, cherchent à effacer toutes ses différences avec les hommes.

L'homme et la femme « ne sont pas semblables, mais l'un n'est pas supérieur à l'autre : non. C'est juste que l'homme n'apporte pas l'harmonie : elle, si. C'est elle qui apporte cette harmonie qui nous enseigne à caresser, à aimer avec tendresse et qui rend le monde beau (« La femme est l'harmonie du monde », méditation matinale en la chapelle de la maison Sainte-Marthe, 9 février 2017). Nous avons besoin de cette harmonie pour lutter contre l'injustice, la cupidité aveugle qui nuit aux êtres humains et à l'environnement, les guerres injustes et inacceptables. Quand l'homme et la femme travaillent ensemble, les résultats sont immédiats : dans les endroits où les femmes ont le même accès à l'éducation et à l'emploi que les hommes, on remarque les progrès « associés à leur plus grande présence et à leur plein épanouissement dans les sphères de l'économie, de la politique et de la société elle-même » (Préface au volume *Plus de leadership féminin pour un monde meilleur : l'attention aux autres comme moteur de notre maison commune*, 2023).

Les femmes sont un élément central des espaces de pouvoir auxquels elles ont pu accéder. Je suis convaincue que, si elles avaient les mêmes opportunités que les hommes, leurs contributions sans limite rendraient le monde meilleur.

Si la pandémie nous a montré les capacités concrètes de leadership des femmes (je pense à certaines cheffes d'État, à des responsables de santé, à des responsables de prison), il était déjà clair, bien avant ça, qu'elles rendaient le monde plus beau, le protégeaient et le maintenaient en vie.

Songeons aux conflits internationaux en cours qui sèment la peur et la terreur sur cinq continents. Très peu d'entre eux impliquent des femmes, ces dernières n'alimentent pas les discordes au sein de la grande famille humaine. La paix naît et se ravive grâce à la tendresse des mères. Quand on regarde les femmes, on se dit que notre rêve d'un monde avec moins de conflits peut devenir une réalité.

Cela ne veut pas dire que les hommes doivent « faire l'autruche » concernant les obligations ménagères, politiques et sociales qui seraient, selon des stéréotypes de genre, plus liées aux femmes. Je pense notamment à la famille. Les hommes ont eux aussi vocation à élever leurs enfants et à prendre soin des membres de leur famille qui ne sont plus autonomes, dans une harmonie avec les femmes qui permettra de faire grandir les deux.

L'Église, le Saint-Siège et la femme

L'Église peut, elle aussi, bénéficier de la valorisation de la femme, comme je l'ai expliqué dans les conclusions du Synode des évêques de la région panamazonnienne : « Nous ne nous sommes toujours pas rendu compte de ce que signifie la femme dans l'Église et nous nous limitons à la partie fonctionnelle [...]. Mais le rôle de la femme au sein de l'Église va bien au-delà du caractère fonctionnel. C'est sur cela qu'il faut continuer à travailler. Bien au-delà » (Discours de clôture des travaux de l'Assemblée spéciale du Synode des évêques de la région panamazonienne sur le thème « Nouveaux chemins pour l'Église et pour une écologie intégrale », 26 octobre 2019).

Comme dans la société, nous savons que des « comportements machistes et dictatoriaux » de la part de certains ministres qui « abusent dans leur service et maltraitent le peuple de Dieu » persistent encore aujourd'hui au sein de l'Église (Discours au Synode des évêques, 25 octobre 2023). Nous faisons, cependant, tout notre possible pour inverser et éradiquer ce genre de comportements et de pratiques.

Notre engagement n'est pas nouveau. Dès le début, Jésus a accueilli les femmes comme ses disciples, du jamais-vu dans la société de l'époque. Souvenons-nous de Marie, sa mère, et du rôle prépondérant qu'elle a joué parmi les apôtres et la communauté primitive, comme en attestent les Évangiles.

Et c'est à une autre femme encore, Marie-Madeleine, que le fils de Dieu a confié la mission d'annoncer sa résurrection.

Au fil des siècles, des femmes de l'envergure de Thérèse d'Avila, de Catherine de Sienne ou de Thérèse de Lisieux ont elles aussi insufflé un véritable dynamisme spirituel au catholicisme et ont été consacrées « doctoresses de l'Église ».

Notre doctrine considère également que « le génie féminin est nécessaire dans toutes les expressions de la vie sociale, par conséquent, la présence des femmes dans le monde du travail doit aussi être garantie » (Conseil pontifical « Justice et Paix », Compendium de la doctrine sociale de l'Église, 295, 2004).

La dignité et l'égalité dans la diversité des femmes sont des postulats historiques de l'Église et du peuple de Dieu. On ne peut pas être chrétien et manquer de respect aux femmes (Dicastère pour la Doctrine de la foi, Déclaration *Dignitas Infinita* sur la dignité humaine, 8 avril 2024).

Je ne suis pas le premier pape, mais j'aimerais être le dernier, à devoir réaffirmer qu'on ne pourra pas rendre le monde meilleur, plus juste, plus inclusif et le protéger sans la contribution des femmes.

Telle est notre conviction et nous renouvelons notre invitation à démasculiniser l'Église.

L'Église est une femme. C'est pourquoi nous avons également évoqué le sujet de la dimension féminine de l'Église, d'un point de vue théologique, durant les réunions du Conseil assesseur des cardinaux, connu sous le nom de C9, qui m'assiste dans les réformes ecclésiastiques.

Bien sûr, le temps est supérieur à l'espace et, oui, ce sera un long processus, mais nous ne devons pas perdre de vue l'importance d'ouvrir la Curie aux femmes.

Depuis les presque douze ans que je suis pape, j'ai tenté de promouvoir l'entrée des femmes à la Curie romaine et au Vatican. Mais il ne doit pas s'agir d'un dernier palier, sinon d'un étage à partir duquel nous continuerons à promouvoir leur intégration. Celle-ci n'est pas le fruit d'une mode féministe ni une façade recommandée par notre service de communication, mais une action juste qui, culturellement, a été laissée de côté.

Je me sens engagé, envers moi-même comme la société, à poursuivre le chemin de saint Paul VI, qui fut le premier pape à nommer en 1967 une femme à un haut poste de la Curie, l'Australienne Rosemary Goldie. Nous avons préparé la structure juridique pour qu'une femme puisse, dans un avenir plus proche que lointain, prendre la tête d'un organisme de la Curie : grâce à la Constitution apostolique *Praedicate Evangelium* de 2022, les laïcs et les femmes pourront, à l'avenir, diriger un dicastère, une charge jusque-là réservée aux cardinaux et aux archevêques. Dans le même esprit, les femmes qui participent aux synodes des évêques ont le droit, depuis 2023, de voter en plus d'avoir une voix à l'assemblée.

La dignité des femmes n'est pas débattable. Par conséquent, en tant que représentants de l'Église, nous demandons des actions concrètes de la part des secteurs publics et privés et nous essayons, nous aussi, d'avancer pour compenser nos années d'inaction. Nous voulons multiplier les espérances. Marchons ensemble, nous pèlerins, vers une plus grande égalité pour les femmes.

Non aux violences faites aux femmes

Toute référence à la dignité des femmes doit aller de pair avec une exigence ferme, définitive et générale de freiner les violences à leur encontre. Il ne saurait y avoir d'euphémismes à l'heure de dénoncer les violences dont elles font l'objet, ces blessures ouvertes, fruits d'une culture d'oppression patriarcale et machiste. Nous devons trouver le remède qui éradiquera ce fléau et ne pas les laisser seules.

Les violences faites aux femmes sont de mauvaises herbes vénéneuses qui gangrènent notre société et qu'il faut éradiquer à la racine. Et ces racines sont culturelles et mentales, elles poussent dans le terreau des préjugés, de la possession et de l'injustice (Message pour la campagne nationale contre la violence à l'égard des femmes organisée par Radio1Rai & Cadmi D.I.Re, 27 octobre 2023).

Les agressions et les assassinats de femmes sont le visage le plus sauvage d'une conception qui considère qu'on peut les supprimer, les réifier et les dépouiller de toute dignité.

La seule façon d'inverser cette situation, c'est d'impliquer véritablement toute la société. Je pense aux familles, source première d'éducation, qui doivent inculquer, dès le plus jeune âge de la vie, le respect absolu de la dignité des femmes.

Je pense également aux médias et à leur rôle dans le filtrage des messages de violence. Qu'il s'agisse d'une violence symbolique, notamment par l'imposition de prétendus idéaux de beauté qui sont souvent autodestructeurs, ou d'une violence concrète, avec la multiplication des messages de haine et de harcèlement à l'encontre des femmes et ce pour le simple fait d'en être une.

Il faut porter une attention particulière aux réseaux sociaux et aux espaces numériques d'échanges où, souvent de façon anonyme, sont diffusés des messages agressifs qui portent atteinte à la dignité des femmes, afin de les discréditer dans le débat public. Je sais que de nombreux tribunaux prennent des mesures exemplaires contre ceux qui harcèlent systématiquement des personnes en raison de leur genre sur les réseaux sociaux, car ils nuisent au développement professionnel et à la santé mentale des femmes, ainsi qu'à la liberté d'expression en général. Ce délit est encore plus grave quand il a lieu dans les sphères de pouvoir, parce qu'il a souvent pour objectif de faire taire une voix potentiellement critique.

Je pense également à l'obligation des hommes de « redécouvrir des formes de relations justes et équilibrées, fondées sur le respect et la reconnaissance réciproques » (*ibid.*). L'amour sera toujours synonyme de beauté et jamais de violence.

La solution doit être à tout prix globale parce que les facteurs qui provoquent cette situation le sont. Nous sommes inquiets de constater que, très souvent, les femmes doivent affronter seules des situations de violence et qu'ensuite, lorsqu'elles portent plainte, il arrive qu'elles n'obtiennent pas justice ou que le fonctionnement de celle-ci soit bien trop long. De nombreuses plaintes ne sont pas prises au sérieux par les forces de l'ordre ou, pire encore, ces dernières tentent parfois d'inverser la charge de la preuve en justifiant des abus ou des violences par une attitude, une parole, voire la façon de s'habiller de la victime. Je tiens à dire aux hommes du monde entier que ce genre de comportement n'a rien de courageux.

Dans de nombreuses parties du monde, les femmes sont encore considérées comme un bien dont on peut disposer à sa guise et sont victimes de toutes sortes de violences. Dans certains pays, elles n'ont pas droit aux aides qui leur permettraient de monter une entreprise ou d'aller à l'école. Il existe même des lois qui les obligent à s'habiller d'une certaine façon ou autorisent la mutilation de leurs parties génitales (Message vidéo pour les intentions de prière, avril 2024).

Lors de ma visite en Amazonie péruvienne, j'ai affirmé que « nous ne pouvons pas "naturaliser" la violence, la considérer comme une chose naturelle. Non, on ne naturalise pas la violence à l'encontre des femmes, en entretenant une culture machiste qui ne prend pas en compte le rôle important des femmes dans nos communautés. Il ne nous est pas permis de regarder de l'autre côté, chers frères, et de permettre que tant de femmes, surtout des adolescentes, soient “bafouées” dans leur dignité » (Rencontre avec les populations de l'Amazonie, Puerto Maldonado, Pérou, 19 janvier 2018).

Il est également nécessaire, et de façon urgente si l'on considère la Troisième Guerre mondiale éparse que nous sommes déjà en train d'affronter, de condamner fermement l'usage des violences sexuelles comme arme de guerre. Hélas, si même dans des pays prétendument « développés », aux indices élevés de prospérité économique, nous enregistrons les pires chiffres de féminicides et de violences à l'encontre de femmes, comment pouvons-nous penser que certains ne se serviront pas de la folie de la guerre comme d'une excuse pour entacher un peu plus leur dignité ?

Mes frères et sœurs, la paix et l'espérance de l'humanité ne pourront se construire sans le respect de la dignité des femmes et leur protection absolue. Souvenons-nous que ce sont elles qui portent dans leurs ventres ceux qui nous succéderont.

II

Le visage d'un pauvre

L'espérance appartient aux pauvres. Ce n'est pas une vertu pour les gens qui ont l'estomac plein. Elle n'a pas de place dans la vie de ceux qui se complaisent dans le bien-être matériel ou qui n'éprouvent des émotions qu'en vivant « des expériences » liées à l'esprit hédoniste et individualiste qui caractérise une bonne partie de notre monde actuel.

Les pauvres sont les premiers porteurs d'espérance (Audience générale, 27 septembre 2017). Et pour cette raison, nous pouvons affirmer qu'ils sont les protagonistes de l'Histoire. Ils ne sont pas contaminés par l'une des plus grandes disgrâces de la vie, le fait de tout avoir.

Celui qui est tranquille comme l'eau stagnante ne connaît pas l'espérance. Ce sont les pauvres qui, comme l'a fait Abraham « contre toute espérance », espèrent, riches d'un des plus grands bonheurs qui soient : l'envie de changement.

Avec si peu de moyens matériels auxquels se raccrocher, nos pauvres sont souvent les protagonistes des joies « les plus belles et les plus spontanées que j'ai vues durant mes années de vie » (Exhortation apostolique *Evangelii Gaudium*, 7, 24 novembre 2013).

La pauvreté nous interpelle chaque jour « par ses mille visages marqués par la douleur, la marginalisation, l'oppression, la violence, la torture et l'emprisonnement, la guerre, la privation de la liberté et de la dignité, l'ignorance et l'analphabétisme, l'urgence sanitaire et le manque de travail, le trafic d'êtres humains et l'esclavagisme, l'exil et la misère et la migration forcée » (Message pour la Ière Journée mondiale des pauvres, 5, 19 novembre 2017). L'espérance appartient à cette pauvreté qui a le visage des « femmes, des hommes et des enfants exploités pour de vils intérêts, piétinés par la logique perverse du pouvoir et de l'argent » (*ibid.*).

Les Béatitudes nous montrent la voie quand elles affirment « Heureux les pauvres » (*Luc* 6, 20). Aujourd'hui et toujours, « les pauvres sont les destinataires privilégiés de l'Évangile » (Exhortation apostolique *Evangelii Gaudium*, 48, 24 novembre 2013).

Les pauvres sont notre peuple, les porteurs de la confiance en notre Seigneur. Cette certitude de ne pas être abandonnés nous invite à l'espérance. Le pauvre sait qu'Il ne le laissera pas et il vit donc constamment en présence de ce Dieu qui se souvient de lui.

Avec ces mots je ne cherche pas à être « pauvriste », un qualificatif dont ont l'habitude de m'affubler ceux qui n'ont jamais tendu la main à une personne dans le besoin. Non. Le pape aime tout le monde, riches et pauvres, mais il a le devoir, au nom du Christ, de rappeler que les plus favorisés doivent aider les plus humbles, les respecter et les promouvoir (Exhortation apostolique *Evangelii Gaudium*, 58, 24 novembre 2013). L'obligation est double, pour ne pas dire ontologique, quand le riche se prétend chrétien.

C'est pour cela que, dès ma première rencontre en tant que pape avec les journalistes du monde entier, j'ai affirmé clairement que je souhaitais « une Église pauvre et pour les pauvres ! » (Audience aux représentants des moyens de communication, 16 mars 2013).

Ce n'est pas un caprice de ma part. L'Évangile donne de nombreux exemples de l'importance que l'Église doit accorder aux pauvres, car c'est en eux que nous trouvons la véritable espérance chrétienne.

Quand saint Paul s'est rapproché des Apôtres à Jérusalem parce qu'il s'inquiétait « de courir ou d'avoir couru en vain » (*Galates* 2, 2), ces derniers lui ont confié que le seul véritable critère d'authenticité, c'était de ne jamais oublier les pauvres (*Galates* 2, 10). Quand j'ai été nommé pape, Claudio Hummes, mon défunt frère, m'a soufflé exactement la même phrase à l'oreille, et celle-ci a joué un rôle essentiel dans le choix du prénom François.

Dans l'exhortation *Evangelii Gaudium*, je me suis souvenu que « ce grand critère, pour que les communautés pauliniennes ne se laissent pas dévorer par le style de vie individualiste des païens, est d'une grande actualité dans le contexte présent, où tend à se développer un nouveau paganisme individualiste » (Exhortation apostolique *Evangelii Gaudium*, 195, 24 novembre 2013). Les pauvres sont l'espérance de Dieu, pourtant certaines personnes placent toute leur espérance dans le « dieu marché », le « dieu argent » et ces autres illusions que répand un système chaque jour plus injuste et fatal.

Les Évangiles ne considèrent pas les pauvres ni les vulnérables comme des objets mais comme des sujets, des protagonistes de l'annonce du royaume de Dieu, comme Jésus. Comme l'a expliqué mon cher prédécesseur, Paul VI, tous ces pauvres appartiennent à l'Église par « droit évangélique » (Paul VI : Discours à l'occasion de l'ouverture de la deuxième session du concile Vatican II, 29 septembre 1963). Dieu, lui-même, « s'est fait pauvre » (*2 Corinthiens* 8, 9), c'est de là que vient notre option préférentielle[6]. C'est pour cette raison que nous devons leur tendre la main pour les aider à se lever mais également pour marcher ensemble, parmi eux, toujours (*Siracide* 7, 32).

Il n'est donc jamais vain de rappeler que « pour l'Église, l'option des pauvres est une catégorie théologique avant d'être culturelle, sociologique, politique ou philosophique » (Exhortation apostolique *Evangelii Gaudium*, 198, 24 novembre 2013).

---

6. « L'option préférentielle pour les pauvres » est un principe de la doctrine sociale de l'Église catholique. C'est la consécration d'une priorité spéciale dans la pratique de la charité.

Force est de constater que le monde crée non seulement toujours plus de pauvres mais que les discours de haine envers eux se multiplient. Ceux-ci donnent lieu à des agressions physiques et à une invisibilisation qui, dans les cas les plus extrêmes, engendre un abandon des pauvres à leur sort, jusqu'à leur mort. À tel point qu'il existe même un néologisme, la « pauvrophobie », pour cataloguer ces comportements de haine dont ils font l'objet. Si nous ne cesserons jamais d'affirmer qu'ils sont la première option de l'Église, ils semblent souvent être le dernier souci des responsables politiques. Ils ont pourtant beaucoup à nous apprendre, car dans une « culture qui a mis la richesse au premier plan et qui sacrifie souvent la dignité des personnes sur l'autel des biens matériels, ces derniers rament à contre-courant, en montrant que ce qui est essentiel à la vie est tout autre chose » (Message pour la VIIIe Journée mondiale des pauvres, 17 novembre 2024).

Dans plusieurs régions du monde, l'idée est en train de s'imposer que les pauvres sont non seulement responsables de leur condition mais qu'ils constituent également un fardeau intolérable pour un système économique fondé sur les intérêts de quelques catégories privilégiées. Ceux qui défendent cette idée parlent comme si la majorité des gens qui jouissaient aujourd'hui d'une position confortable ne l'avaient pas atteinte grâce à l'école et à l'université publiques, ou à des formations financées par des fonds gouvernementaux, ou encore à des systèmes d'avantages fiscaux bien spécifiques.

Pourtant, personne n'accuse les plus riches d'être un fardeau pour l'État.

Le monde politique doit endosser le rôle de guide qu'on attend de lui et contrôler les forces du marché en leur imposant des limites éthiques qui éviteront les situations inhumaines dans lesquelles se retrouvent des personnes vivant déjà dans des conditions précaires.

Nous savons qu'il existe des acteurs économiques et financiers sans scrupule, dépourvus d'humanité et de tout sens de responsabilité sociale. Ne leur facilitons pas la tâche en regardant ailleurs : le mode de vie individualiste est complice de cette génération de pauvres – tout en leur attribuant, souvent, la responsabilité de leur condition. Nous ne devons pas accepter passivement ce qui se passe autour de nous car ce genre de comportement accentue les inégalités sociales et les injustices. Être un pèlerin de l'espérance, c'est tendre la main au pauvre, le regarder dans les yeux et l'accueillir à bras ouverts.

Une fois encore, « j'invoque, de manière pressante, l'espérance pour les milliards de pauvres qui manquent souvent du nécessaire pour vivre. Face à la déferlante de nouvelles vagues d'appauvrissement, nous courons le risque de nous habituer et de nous résigner. Mais nous ne pouvons pas détourner le regard de ces situations si dramatiques que l'on croise désormais partout et non plus seulement dans certaines régions du monde » (*Spes non confundit*, Bulle d'indiction du Jubilé ordinaire de l'année 2025, 9 mai 2024).

La démocratie ne peut pas tenir debout quand ses piliers sont rongés, jour après jour, par le cri désespéré de nos millions de frères et sœurs qui manquent du minimum requis pour vivre dignement. Exclure ceux qui possèdent le moins, en les rendant de surcroît coupables de leur pauvreté, ébranle le concept même de démocratie. Toute politique sociale est dès lors vouée à l'échec.

L'espérance des pauvres ne « sera pas toujours déçue » (*Psaumes* 9, 19). Mais on les attaque, on fait d'eux des coupables et ils ne peuvent désormais plus vivre en paix dans leur pauvreté. Dans de nombreux pays, on juge dans les moindres détails tout ce que consomment les gens qui possèdent peu, tandis que le monde politique et les institutions ferment les yeux sur les comportements des plus puissants. Cela arrive même dans des milieux qui se prétendent progressistes ou qui sont censés avoir un regard plus humain. Les pauvres ne peuvent pas se permettre « d'être timides ou de se décourager, ils sont perçus comme menaçants ou incapables, simplement parce qu'ils sont pauvres » (Message pour la IIIe Journée mondiale des pauvres, 17 novembre 2019).

Mais ces hommes et ces femmes sont avant tout nos frères et sœurs. Et ils sont aussi capables que les autres. Ils pourraient tracer leur propre chemin si on leur tendait une main amie ou si les responsables politiques, à leur tour, faisaient d'eux leur option préférentielle. Ils sont la pierre angulaire sur laquelle on peut construire une nouvelle société, fondée sur la fraternité et l'amitié sociale. Il ne s'agit pas de considérer les pauvres comme les simples destinataires d'une mission de bénévolat, d'une collecte annuelle ou d'une action individuelle – lesquelles ne sont souvent qu'une façon d'apaiser la conscience de ceux qui en ont eu l'initiative. Aider l'autre, ce n'est pas lui faire cadeau de ce que nous avons en trop.

Les pauvres connaissent la véritable espérance non en nous voyant satisfaits de leur avoir consacré un peu de notre temps mais quand ils reconnaissent dans notre sacrifice un acte d'amour gratuit qui ne cherche aucune récompense.

Pour beaucoup, les pauvres ne sont que des victimes de nos politiques financières et économiques. Tant d'argent se concentre entre les mains de si peu de gens et tant de pauvreté accable la majorité. Les pauvres sont chaque jour plus nombreux que les riches, de façon obscène. Ces dernières années, à cause de la pandémie de coronavirus, ce phénomène s'est aggravé dans de nombreux pays. Nous avons vu croître de façon exponentielle le nombre de gens ayant du mal à boucler leurs fins de mois. Les pauvres sont le visage de l'espérance mais la pauvreté a, chaque jour, plus de visages.

Un des grands changements de notre époque, c'est qu'être salarié et aller travailler huit ou neuf heures par jour ne suffit plus à assurer un revenu minimum digne. Aujourd'hui, la pauvreté touche de plus en plus de personnes qui appartenaient autrefois à la classe dite « moyenne ».

Je veux donc profiter de ces pages pour demander pardon à toutes les personnes qui se réclament de la classe moyenne, partout dans le monde, et qui considèrent que je n'évoque pas leur situation autant que je le devrais. Je pense particulièrement à ceux qui sont forcés de sacrifier toujours plus pour joindre les deux bouts, à ceux qui doivent payer des loyers exorbitants tandis que le coût de la nourriture ne cesse d'augmenter comme celui des services publics, à ceux qui ne peuvent pas épargner, à ceux qui laisseront sans doute à leurs enfants un patrimoine inférieur à celui qu'ils ont reçu. Je ne vous ai pas oubliés, je vous porte dans mon cœur et vos préoccupations sont les miennes. De nombreuses études montrent que, dans un contexte de polarisation toujours plus grande entre les riches et les pauvres, la classe moyenne a considérablement rétréci. C'est peut-être ce qui m'a poussé à ne pas prendre en compte certains de vos problèmes. Vous m'entendez souvent prier pour nos frères pauvres parce que leur situation est de plus en plus grave et qu'ils sont de plus en plus nombreux. Mais je tiens à vous assurer que les travailleurs qui continuent de faire vivre de nombreux pays ont, pour moi, une immense valeur et que je ne vous ai pas oubliés. Vos visages qui souffrent sont, eux aussi, ceux de l'espérance.

Les profonds bouleversements de l'économie mondiale, ajoutés à la cupidité toujours plus folle d'une partie du monde de la finance, ont fait exploser les remparts par lesquels de nombreuses personnes pensaient être protégées en cas de coup dur. Nous l'avons constaté dans nos soupes populaires comme dans d'autres organismes caritatifs, partout dans le monde.

Quand la majorité perd, c'est toujours parce qu'une minorité gagne. La crise économique n'a pas empêché de nombreux groupes de s'enrichir – un enrichissement qui résonne très fort quand on voit dans nos rues le nombre considérable de pauvres qui manquent du minimum pour vivre.

Une des nouvelles réalités de ce système économique assassin, c'est la fameuse « gentrification » qui a accentué la question toujours plus tendue de l'habitat dans de nombreuses villes du monde.

Les politiques urbaines qui permettaient de loger des milliers de travailleurs dans les grandes villes ont bifurqué sur la route avide des forces du marché et transformé ces espaces communautaires pour tous en habitats luxueux réservés à une élite. De plus en plus de quartiers deviennent des « pôles à la mode » avec de moins en moins de place pour leurs habitants historiques. Ces derniers finissent par être déplacés et la ville par complètement changer. (Kern, Leslie, *Gentrification is Inevitable and Other Lies* [La gentrification est inévitable et autres mensonges], 2022).

« Nous vivons dans des villes qui construisent des tours, des centres commerciaux, font des affaires immobilières… mais abandonnent une partie d'elles-mêmes dans les périphéries » (Discours aux participants à la rencontre mondiale des mouvements populaires, 28 octobre 2014). Il est triste de constater que la prétendue « main invisible » du marché finit par devenir le bras vengeur de secteurs toujours plus concentrés qui cherchent à faire du droit à un toit digne une variable supplémentaire de spéculation.

Nous vivons une des étapes les plus cruelles de la Troisième Guerre mondiale morcelée qui afflige notre époque : la guerre contre les pauvres. Celle-ci prend parfois un visage évident, comme ces bulldozers qui démolissent les maisons précaires qui ne remplissent pas les nouveaux critères de modes urbaines. Mais elle existe également sous d'autres formes, plus subtiles, comme l'expulsion forcée de familles d'un quartier où elles vivaient depuis des décennies, ou l'augmentation des loyers sans aucun contrôle de l'État, au nom d'une prétendue liberté du marché, qui laisse des millions de personnes désemparées.

Le déplacement forcé des pauvres et des travailleurs vers les périphéries entraîne des conséquences lourdes. Non seulement ces derniers vivront désormais loin de leur lieu de travail mais, privés d'un endroit accueillant pour leurs enfants, leurs familles et leurs aînés, ils perdront leur sens de la communauté et les valeurs qui vont avec.

Ce qui nous attend à l'avenir, ce sont des villes qui offriront d'innombrables plaisirs et sources de bien-être pour une minorité chanceuse tandis qu'on « balaiera sous le tapis » ses habitants historiques qui ne pourront plus suivre les augmentations du coût de la vie.

Voilà comment se perdent un peu plus les valeurs, déjà presque oubliées, des centres-ville, quand ces derniers deviennent trop riches. Fini l'espace public et la multiplication des lieux qui créent du lien et favorisent la reconnaissance de l'existence de l'autre.

Ce processus est d'autant plus douloureux que nous constatons que, très souvent, ces « booms » immobiliers qui chassent les pauvres de nos villes ne sont en réalité qu'une simple méthode d'investissement trouvée par des délinquants internationaux afin de « blanchir » leur argent. Nous en appelons à la responsabilité non seulement morale mais également légale des entrepreneurs qui se prêtent à ce genre de manœuvres au détriment du droit au logement de milliers de personnes partout dans le monde.

Pousser tant de personnes à la pauvreté soulève une autre inquiétude. La réapparition, plus agressive et féroce, d'un mal ancien : celui de l'usure.

La pandémie récente a malheureusement remis à la mode ce fléau social. De nombreuses familles renoncent désormais à acheter du pain afin de rembourser les usuriers qui s'étaient multipliés durant la période la plus dure de la crise, quand la majorité des entreprises avaient fermé.

Il n'est ni chrétien ni humain d'obliger un frère ou une sœur à renoncer à des biens de consommation de première nécessité pour payer des dettes souvent contractées « le couteau sous la gorge », par désespoir, pour nourrir sa famille ou payer des médicaments.

L'usure, cette forme extrême de capitalisme sauvage, humilie et tue. C'est « un mal ancien et malheureusement encore souterrain qui, comme un serpent, étrangle ses victimes. Il faut le devancer, en soustrayant les personnes de la pathologie de la dette contractée pour subsister ou pour sauver une entreprise » (Discours aux membres du Conseil national anti-usure, 3 février 2018). Certaines voix clament la nécessité pour les gouvernements d'adopter des mesures visant à limiter les taux d'intérêt que de nombreuses familles dans le besoin et de classe moyenne doivent payer pour utiliser leurs cartes de crédit – parfois la seule façon pour eux de mettre de la nourriture sur la table. Il faudrait également une plus grande régulation des groupes financiers qui, très souvent, via des discours trompeurs, tendent le piège de l'endettement astronomique en spéculant sur les besoins immédiats de nombreuses personnes.

Mobiliser le monde politique pour changer l'économie

Dans ce contexte social d'augmentation de la pauvreté, être des pèlerins de l'espérance nous oblige à encourager le monde politique à s'emparer des rênes de l'économie et à nous organiser, avec les pauvres, pour tous sortir de cette situation.

Au monde politique, je dis : « Ne détourne ton visage d'aucun pauvre » (*Tobie* 4, 7). Défendre les pauvres, ce n'est pas être communiste, c'est le cœur même de la parole évangélique, à tel point que nous serons jugés sur ce que nous avons fait pour eux. Et « chacun d'entre eux est notre prochain. Peu importe la couleur de sa peau, sa condition sociale, son origine » (Message pour la VIIe Journée mondiale des pauvres, 19 novembre 2023).

Je réitère ainsi ma demande « d'un engagement politique et législatif sérieux et efficace » qui aidera à « encourager et faire pression sur les institutions publiques pour qu'elles remplissent leur devoir ; mais il ne sert à rien de rester passifs et d'attendre de tout recevoir "d'en haut", ceux qui vivent dans des conditions de pauvreté doivent également s'impliquer et il faut les accompagner dans un processus de changement et de responsabilité » (*ibid.*).

Me reviennent à l'esprit les mots du prêtre don Lorenzo Milani, quand il fait dire au protagoniste de sa *Lettre à une maîtresse d'école* : « J'ai appris que le problème des autres était le même que le mien. S'en sortir tous ensemble, c'est de la politique. S'en sortir seul, c'est de l'avarice. »

Aucun changement n'aura lieu si nous nous limitons à travailler pour ou avec les pauvres. Si nous voulons être des pèlerins de l'espérance, nous devons ouvrir de nouvelles routes sociales afin que les pauvres deviennent eux-mêmes les protagonistes du changement. Je vous invite donc à ce que l'on s'organise, avec pour objectif clair de combattre la misère « en créant avant tout de l'emploi, de l'emploi digne » (Discours à l'occasion de la manifestation « Economy of Francesco », 24 septembre 2022).

Les pauvres sont bien plus que des statistiques et des tableaux Excel dans lesquels sont élaborées, parfois à distance, les politiques officielles qui les concernent. Ce sont des personnes, avec un nom et un prénom, une histoire, un cœur et une dignité. Leur cri est aussi celui de l'espérance, ce cri qui dit leur certitude d'être un jour libérés. C'est l'espérance qu'ils puisent dans l'amour de Dieu, lequel n'abandonne pas celui qui lui fait confiance (*Romains* 8, 31-39).

Nous avons besoin d'un changement profond, à la source. Bien sûr, récolter les fruits d'une transformation d'une telle ampleur pourra prendre des années, voire des décennies. Mais je crois qu'il existe certaines lignes d'action qui peuvent donner des résultats immédiats tout en posant les fondations qui aideront des millions de personnes à sortir de la pauvreté dans laquelle ce système les a poussées.

Face à toujours plus d'inégalité sociale, une plus grande équité fiscale

Depuis 2020, la richesse accumulée par les cinq personnes les plus riches du monde a doublé. Jamais si peu d'hommes n'ont autant possédé. Et jamais n'ont-ils autant été en mesure de sauver la vie de tant de personnes : selon plusieurs études, le patrimoine des 50 personnes les plus riches du monde suffirait à financer le suivi médical et l'éducation de tous les enfants pauvres du monde, que ce soit via un impôt, une initiative philanthropique ou les deux.

Jean-Paul II a affirmé qu'« une des plus grandes injustices du monde contemporain consiste précisément dans le fait qu'il y a relativement peu de personnes qui possèdent beaucoup, tandis que beaucoup ne possèdent presque rien. C'est l'injustice de la mauvaise répartition des biens et des services, originairement destinés à tous » (Jean-Paul II, Lettre encyclique *Sollicitudo rei socialis*, 28, 30 décembre 1987).

Mon prédécesseur immédiat, Benoît XVI, a lui aussi reconnu que « la richesse mondiale croît en termes absolus mais elle augmente également les inégalités. Dans les pays riches, de nouvelles catégories sociales s'appauvrissent et de nouvelles pauvretés apparaissent. Dans les zones les plus pauvres, certains groupes jouissent d'une sorte de super-développement où consommation et gaspillage vont de pair, ce qui contraste de façon inacceptable avec des situations permanentes de misère déshumanisante. Le scandale des disparités criantes continue » (Benoît XVI, Lettre encyclique *Caritas in veritate*, 22, 29 juin 2009).

La pandémie du coronavirus a engendré une accentuation des différences entre l'extrême richesse et l'extrême pauvreté. Entre 2020 et 2021, les 1 % les plus riches se sont accaparé 63 % de l'augmentation totale nette de la richesse mondiale, soit presque le double du montant (37 %) qu'ont dû se partager les 99 % restants de la population (Rapport « Multinationales et inégalités multiples », Oxfam, 2024).

Dans ce contexte, nous nous inquiétons de la façon dont « les *structures du péché* incluent aujourd'hui des exonérations répétées d'impôts pour les personnes les plus riches, souvent justifiées au nom de l'investissement et du développement ; des paradis fiscaux pour les gains privés et corporatifs ; et, naturellement, une possibilité de corruption de la part de certaines des plus grandes entreprises du monde, souvent en accord avec le secteur politique gouvernant » (Discours aux participants à un séminaire sur les « Nouvelles formes de fraternités solidaires » organisé par l'Académie pontificale des sciences sociales, 5 février 2020).

Ainsi « chaque année, cent mille millions de dollars, que l'on devrait verser en taxes pour financer les secteurs de la santé et de l'éducation, s'accumulent sur des comptes bancaires dans des paradis fiscaux, empêchant la possibilité d'un développement digne et durable de tous les acteurs sociaux » (*ibid.*).

L'imposition de ces nouveaux super-riches est une des voies les plus progressistes, justes et nécessaires que nous pouvons suivre pour contrer une inégalité croissante en passe de devenir irréversible. Bien exécutée, la collecte d'un tel impôt est « un signe de légalité et de justice » (Discours à la délégation de l'Agence des services fiscaux, 31 janvier 2022).

Je réitère donc ma conviction qu'une politique fiscale appropriée « doit favoriser la redistribution des richesses et défendre la dignité des plus pauvres qui risquent en permanence d'être écrasés par les plus puissants » (*ibid.*).

Le pacte fiscal est le cœur du pacte social. C'est la mission de ceux qui possèdent le plus : ils doivent être ceux qui contribuent le plus au bien commun de tous. Les impôts sont également une façon de partager la richesse pour qu'elle se convertisse en bien commun ou public comme l'éducation, la santé, les droits, les soins, la science, la culture, le patrimoine.

Concernant le Jubilé, il existe d'autres types de négociation globale, comme l'annulation de la dette extérieure des pays les plus pauvres. C'est une piste que nous devons étudier. Aucun gouvernement ne « peut moralement exiger que son peuple souffre de privations incompatibles avec la dignité humaine » (Discours aux participants de la rencontre « La crise de la dette dans le Sud » parrainée par l'Académie pontificale des sciences, 5 juin 2024). C'est à la fois une question de magnanimité et de justice quand on voit combien les nations les moins favorisées sont les principales victimes des nouvelles formes d'inégalité, notamment environnementales. Je me rappelle l'avoir dit lors d'un discours dans un des pays les plus favorisés du monde : « La richesse – ne l'oublions pas – est une responsabilité. Je demande donc que l'on soit toujours attentif à ne pas négliger les nations les plus défavorisées mais, au contraire, qu'on les aide à se relever de leurs conditions d'appauvrissement » (Rencontre avec les autorités, la société civile et le corps diplomatique, Cercle Cité, Luxembourg, 26 septembre 2024).

Le développement d'une nouvelle architecture financière mondiale doit répondre aux besoins des pays du Sud et des états insulaires gravement affectés par les catastrophes climatiques, et donner lieu à la reconnaissance d'une sorte de « dette écologique » envers les nations les moins développées.

Dans de nombreux pays, des voix se sont également élevées en faveur d'une augmentation des droits de successions qui sont parfois franchement dérisoires pour les plus riches.

À l'heure de trouver des solutions pour éradiquer la pauvreté, nous ne pouvons pas ignorer la création d'emplois, surtout pour les jeunes. Nous avons besoin d'emplois de qualité qui permettent à chaque être humain de retrouver sa dignité en gagnant son pain quotidien. Les « aides sociales » sont des palliatifs utiles durant les périodes de crise majeure mais elles ne sont pas faites pour durer éternellement.

J'encourage donc les entreprises, dont beaucoup ont été créées par de bons chrétiens ou des humains sincèrement engagés, à investir dans le bien commun. Si nous voulons sortir de cette crise, les entrepreneurs doivent nous aider et éviter de succomber au chant des sirènes de l'engraissement financier ou des paradis fiscaux.

Il faut retourner à une économie du concret qui, face à la fugacité du monde de la finance, promeut la production, le travail et l'emploi pour tous.

Il n'y a pas d'économie vertueuse sans bons entrepreneurs, sans leur capacité à créer du travail, des produits et des richesses. Je pense souvent à Enrique Shaw, ce grand serviteur de Dieu. Ses excellentes pratiques en tant qu'entrepreneur sont un exemple à suivre pour les hommes et les femmes d'affaires du monde entier. Il n'y a pas de bonne économie sans véritable entrepreneur, quelqu'un qui connaît ses employés parce qu'il travaille à leurs côtés. Parfois, l'arrivée d'un ouvrier à la tête d'une entreprise change les mentalités et rend sa dignité à l'écosystème du monde du travail. Cet environnement sera bien plus harmonieux si l'on partage la fatigue comme les joies, la résolution des problèmes comme les victoires. Je vous demande donc « de ne pas vous contenter d'un peu de philanthropie, c'est trop peu : l'enjeu est d'inclure les pauvres dans les entreprises, de faire en sorte qu'ils deviennent des ressources au service de l'intérêt commun » (Discours à un groupe de directeurs généraux de grandes entreprises et banques, 15 juin 2024).

Je crois que la création d'emplois se répercute toujours de façon favorable sur la société. Il y a une différence évidente entre les spéculateurs qui gomment le visage humain de l'économie et l'entrepreneur qui sait que chaque travailleur porte l'espérance sur son visage.

Pèlerins de l'espérance : l'heure d'agir

Il n'y a pas de temps à perdre, nous devons mettre en route ces changements qui nous aideront à rendre à nos frères et sœurs rejetés leur dignité, et à leur redonner vraiment espoir qu'un autre monde est possible.

Depuis le début du XXIe siècle, j'ai constaté des avancées considérables dans les domaines des technologies, des sciences, des communications et des infrastructures. Hélas, nous n'avons pas obtenu les mêmes progrès en matière d'humanité et de solidarité – ce qui nous aurait aidés à subvenir aux besoins essentiels des plus défavorisés. Non seulement nous n'avons pas enrayé les inégalités entre les riches et les pauvres mais celles-ci se sont aggravées. Nous devrions, surtout nous les chrétiens, rougir de honte face à cet état de fait.

Les pauvres ne peuvent plus attendre. C'est pour cela que nombre d'entre eux ont décidé de s'organiser et d'agir sans attendre les bras croisés qu'une ONG ou une politique sociale viennent les aider, ou une solution qui n'arrive jamais. C'est le cas, par exemple, des mouvements populaires. Je les encourage depuis toujours à poursuivre sur cette route où ils se sont engagés.

Sortir au plus vite les personnes de la pauvreté n'est pas seulement un devoir chrétien ou humain. Tant que ce problème ne sera pas radicalement résolu « en renonçant à l'autonomie absolue des marchés et de la spéculation financière et en s'attaquant aux causes structurelles de la disparité sociale, nous ne réglerons aucun autre problème du monde. L'inégalité est la racine des maux de la société » (Exhortation apostolique *Evangelii Gaudium*, 202, 24 novembre 2013). Si l'on voit l'espérance sur le visage des pauvres, il faut qu'ils voient leur avenir sur le nôtre.

La situation de marginalisation dans laquelle se trouvent des millions de personnes ne pourra pas durer très longtemps. Leur cri se fait plus fort et atteint la terre entière. Comme l'a écrit don Primo Mazzolari : « Le pauvre est une protestation continue contre nos injustices, le pauvre est une poudrière. Si on l'allume, le monde explosera. »

Les prisons, laboratoire d'espérance

L'espérance existe aussi dans nos prisons qui, hélas, débordent de pauvres, souvent victimes d'injustices systémiques et d'une politique pénale qui préfère incarcérer le plus de gens possible plutôt que de s'attaquer aux conditions qui les incitent au crime.

Nous devons tenter de résoudre les problèmes structurels qui entassent les pauvres en prison pendant que ceux qui commettent des crimes en col blanc continuent à contourner les lois et à commettre tout un tas de délits sophistiqués comme le blanchiment d'actifs. Même la corruption reste souvent un crime impuni. Il est facile de condamner les plus faibles tandis que les gros poissons continuent de nager librement dans la mer. Soyons également des pèlerins là-bas, dans les centres de détention, afin d'en faire des laboratoires d'espérance.

Dans de nombreux pays, les gens exigent toujours plus de sécurité. Mais tant que nous n'éliminerons pas l'exclusion et la disparité sociale au sein de nos sociétés et entre les peuples, il sera impossible d'éradiquer la violence (Exhortation apostolique *Evangelii Gaudium*, 59, 24 novembre 2013). Si nous ne nous attaquons pas aux origines de la pauvreté, ne devenons-nous pas, dès lors, complices de ses conséquences ? Chaque jour, nous sommes témoins des échecs de ces solutions individualistes de fausse sécurité : celui qui part vivre enfermé dans un quartier résidentiel sécurisé, celui qui ne se déplace que dans sa camionnette dernier cri aux vitres teintées et fait semblant de ne pas voir ce qu'il se passe autour de lui. Si nous n'allons pas à la racine du problème, même ces ressources-là deviendront inutiles.

Par ailleurs, les médias et les espaces de débat dénoncent chaque fois un peu plus la violence des pauvres, mais « sans égalité des chances, les agressions et les guerres en tout genre trouveront un terrain fertile qui, tôt ou tard, provoquera leur explosion » (*ibid.*).

Nous assistons à la progression d'un certain « populisme pénal » dans lequel « on cherche non seulement des boucs émissaires qui payent de leur liberté et de leur vie pour tous les maux de la société, comme c'était le cas dans les sociétés primitives, mais également à fabriquer délibérément des ennemis : des figures stéréotypées qui concentrent toutes les caractéristiques que la société perçoit ou interprète comme dangereuses » (Discours à une délégation de l'Association internationale de droit pénal, 23 octobre 2014). Ce sont les pauvres qui pâtissent le plus de ces paradigmes.

Je crois que celui qui a commis un délit doit purger une peine ou dédommager la société pour le mal causé. Mais si ce que nous recherchons c'est véritablement le bien commun, nous devons travailler pour que nos prisons deviennent des laboratoires d'espérance. En effet, à partir du moment où un système inflige des peines, celles-ci devraient obligatoirement avoir pour but la réinsertion des personnes qu'elles concernent.

Je dis toujours à ceux qui sont privés de leur liberté de ne pas se décourager, de ne pas se refermer sur eux-mêmes. Quand je me retrouve face à un détenu, je me demande toujours d'abord : pourquoi est-il, lui, là et pas moi ?

Je tiens donc à exprimer encore une fois ma proximité et celle de l'Église avec toutes les personnes incarcérées, partout dans le monde. Jésus a dit : « J'étais en prison et vous êtes venus vers moi » (*Matthieu*, 25, 36).

La façon dont une société traite ses détenus dit beaucoup de celle-ci. Au-delà des préoccupations évidentes sur « la question du respect des droits fondamentaux de l'homme et l'exigence de conditions d'exécution de la peine correspondantes » (Visite pastorale au centre pénitentiaire de Castrovillari, Cosenza, 21 juin 2014), il faut que les institutions s'engagent de façon concrète à une réinsertion sociale effective de la personne. (Benoît XVI, Discours aux participants de la 17e conférence des directeurs des administrations pénitentiaires du Conseil de l'Europe, 22 novembre 2012).

Nous ne pouvons pas permettre, à ce stade du XXIe siècle, que l'exécution d'une peine se réduise à un simple outil punitif, de vengeance sociale. Cela nuirait à l'individu, comme à la société.

L'expérience nous montre que l'augmentation et le durcissement des peines ne règlent que rarement les problèmes sociaux et ne diminue en rien les chiffres de la délinquance. Au contraire, si nous n'abordons pas la question de façon globale, d'autres problèmes sociétaux peuvent apparaître, comme la surpopulation des prisons, la tentation populiste de construire à tout-va des centres de réclusion ou la multiplication des détentions provisoires, à un rythme bien supérieur à celui des tribunaux, engendrant la détention de milliers de personnes alors que celles-ci n'ont pas encore été jugées.

Je considère que la peine ne peut pas être fermée, elle doit toujours avoir « une fenêtre ouverte » à l'espérance, tant du côté de la prison que de celui du détenu (Discours au personnel du centre pénitentiaire « Regina Coeli » de Rome, 7 février 2019). Nous avons tous besoin les uns des autres et nous avons tous le droit d'espérer, au-delà de notre histoire personnelle, de nos erreurs et de nos échecs. L'espérance est un droit (Rencontre avec les agents de police pénitentiaire, les détenus et les bénévoles, Casa Circondariale di Montorio, Vérone, 18 mai 2024).

Pourtant, nous avons fait de nos prisons des écoles du crime où ceux qui y entrent ne trouvent ni les outils ni les motivations qui les encourageraient, à leur sortie, à partager avec la société leur potentiel, celui que tout être humain a à offrir. Nous prenons le risque de nous retrouver prisonniers d'un système judiciaire qui empêche une personne de se relever, qui l'empêche de distinguer rédemption et punition. Cependant, en prenant le parti de l'espérance, chaque prison peut « devenir un lieu de renaissance, morale et matérielle, où la dignité des femmes et des hommes n'est pas "placée en isolement" mais promue à travers le respect mutuel et l'encouragement des talents et des capacités, peut-être laissés de côté ou bâillonnés par les vicissitudes de la vie, mais qui peuvent ressurgir pour le bien de tous et qui méritent attention et confiance » (Rencontre avec les détenues de la prison de femmes de Venise sur l'île de la Guidecca, 28 avril 2024).

Les mères de détenus sont probablement la première pierre dans la construction de ce « laboratoire d'espérance ». Quand je vivais à Buenos Aires, je voyais beaucoup de mamans qui faisaient la queue pour entrer dans la prison. Elles n'avaient pas honte. Leur fils était incarcéré, oui, mais c'était leur fils. Elles souffraient de nombreuses humiliations à l'accueil, avant d'entrer, mais elles disaient : « C'est mon fils ! » « Mais madame, votre fils est un délinquant ! » « C'est mon fils ! » Dans la plupart des cas, elles ne cherchaient pas à obtenir sa libération, mais un minimum de dignité dans son enfermement, la possibilité d'un espoir, la certitude de retrouvailles. Nous travaillons afin qu'aucun membre d'une famille qui souhaite rendre visite à une personne détenue ne soit plus jamais soumis à un traitement dénigrant.

Que ce soit au sein de mon diocèse précédent ou à Rome, j'ai toujours essayé, à travers mes mots, d'apporter un souffle aux détenus. Même lors de mes voyages à l'étranger, notamment sur le continent américain, je cherche souvent à inclure une visite dans une prison pour que les personnes privées de leur liberté sachent que l'Église et moi restons proches d'elles. Pour moi, « entrer dans une prison est toujours un moment important, parce que c'est un lieu d'une grande humanité » (Rencontre avec les agents de police pénitentiaire, les détenus et les bénévoles, Casa Circondariale di Montorio, Vérone, 18 mai 2024).

J'appelle toute la société à travailler pour transformer les centres de détention en « laboratoires d'espérance ». Nous devons également être vigilants face à certains dangers, comme la prolifération des prisons privées. Celles-ci obligent souvent les gouvernements, par contrat, à leur assurer un quota minimum d'occupation, ce qui entraîne des détentions toujours plus injustes et prolongées.

Être des pèlerins de l'espérance dans les prisons

Pour l'année du Jubilé, j'ai proposé aux gouvernements du monde entier de lancer des initiatives qui redonneraient espoir aux personnes privées de liberté. On peut par exemple envisager une forme d'amnistie ou de réduction de peine qui permettraient d'aider les détenus à retrouver confiance en eux et en la société.

Dans le même esprit, j'ai décidé d'ouvrir une porte sainte dans une prison, afin de donner aux détenus un signe concret de notre proximité et de les aider à envisager l'avenir avec espoir et avec une nouvelle volonté de vie.

Au Saint-Siège, plusieurs projets ont été mis en place pour nous aider à devenir ces pèlerins de l'espérance qui apportent un souffle et « une fenêtre ouverte » aux personnes privées de liberté. En 2024, par exemple, durant la Biennale de Venise, le drapeau du Vatican a été hissé sur la façade de la prison pour femmes de la ville. J'ai eu la chance de m'y rendre et j'ai été ému de voir le travail des détenues, de sentir tout ce qu'elles avaient à apporter à la communauté quand on leur donnait une chance, quand il y avait de l'espoir.

Afin de promouvoir les personnes privées de liberté, la basilique Saint-Pierre a lancé deux initiatives pour l'année du Jubilé. Dans le cadre de la première, des détenus se sont vu confier la mission de transformer les barques avec lesquelles les migrants traversent la Méditerranée en matière première pour ensuite fabriquer des chapelets qui seront vendus à la basilique. J'ai eu l'honneur de recevoir le premier de ces chapelets.

Un autre projet promeut la réinsertion des personnes privées de liberté dans la société à travers une activité professionnelle, comme la réalisation de travaux d'entretien au sein de la basilique.

On ne peut pas dire que nous ayons inventé l'eau chaude. Tout ce que nous avons cherché à faire, c'est transformer en acte concret la parole de Jésus concernant les détenus. Ils sont dans nos prières, nous vivons dans leur espérance.

La peine de mort

Les personnes privées de liberté qui nous préoccupent le plus dans le monde sont celles qui ont été condamnées à mort. Il est impossible d'imaginer qu'aujourd'hui les États ne puissent pas disposer d'un autre moyen que la peine capitale pour défendre la vie d'autres personnes contre un agresseur injuste (Discours à une délégation de l'Association internationale de droit pénal, 23 octobre 2014).

La peine de mort est inadmissible, quelle que soit la gravité du crime du condamné. Je le répète : « C'est une atteinte au caractère inviolable de la vie et à la dignité de la personne humaine qui va à l'encontre du dessein de Dieu pour l'homme et la société, et de sa justice miséricordieuse, et empêche l'accomplissement de la juste finalité des peines. Elle ne rend pas justice aux victimes mais alimente la vengeance » (Message vidéo au VIe Congrès mondial contre la peine de mort, 21 juin 2016). Il n'est jamais inutile de rappeler que, pour tout chrétien, le commandement « tu ne tueras point » est absolu et inclut aussi bien l'innocent que le coupable.

Dans une déclaration récente, le Dicastère pour la Doctrine de la foi a affirmé avec beaucoup de sagesse que la peine de mort violait « la dignité de tout être humain, inaliénable en toutes circonstances » (Dicastère pour la Doctrine de la foi, Déclaration *Dignitas infinita* sur la dignité humaine, 8 avril 2024).

Il nous reste encore beaucoup de travail. Selon certaines statistiques, plus de 8 millions de personnes sont incarcérées dans le monde, dont 30 000 condamnées à mort.

La certitude que chaque vie est sacrée et que la dignité humaine doit être protégée sans exception m'a porté, depuis le début de mon ministère, à faire campagne, de différentes manières, pour l'abolition universelle de la peine de mort.

Par exemple, le n° 2267 du *Catéchisme de l'Église catholique* montre bien les progrès de la doctrine sur ce sujet et l'évolution de la conscience du peuple chrétien qui condamne une peine qui nuit gravement à la dignité humaine (Discours pour le XXVe anniversaire du *Catéchisme de l'Église catholique*, 11 octobre 2017). C'est une fausse solution, incompatible avec les droits fondamentaux et humains que nous avons obtenus.

Cette vision chrétienne et humaniste nous pousse à dénoncer avec la même force les peines d'emprisonnement à perpétuité parce qu'elles évincent la possibilité d'une rédemption morale et existentielle et deviennent une forme de « peine de mort cachée » (Discours à une délégation de l'Association internationale de droit pénal, 23 octobre 2014).

Nous ne pouvons pas prétendre à ce que nos prisons deviennent des lieux d'espérance si nous leur ôtons toute possibilité de rédemption et de réconciliation avec la communauté. C'est pour cela que nous avons besoin de pèlerins de l'espérance dans chaque pays où la peine de mort est encore en vigueur, afin qu'ils s'engagent totalement à lutter pour sa suspension dans un premier temps, puis son abolition. Par-delà l'opposition, mise en avant par certains, entre l'ordre judiciaire d'un pays et le droit international, il faut imposer une reconnaissance universelle de la dignité humaine. Abolir la peine de mort, ce n'est pas renoncer à sa souveraineté, c'est donner de l'espoir au monde.

Le rejet de la peine de mort doit être absolu. Cela concerne également les assassinats dissimulés commis par l'appareil répressif étatique de certains pays, comme les exécutions extrajudiciaires. Nous ne pouvons pas permettre que, encore de nos jours, les représentants d'un gouvernement se réfugient derrière l'excuse de leurs pouvoirs pour justifier de tels crimes. Dans de nombreux cas, ces derniers sont bien plus motivés par des questions de racisme et de classisme qu'autre chose.

De la même façon, nous devons dénoncer une autre forme de peine de mort cachée, cette fois sur la scène internationale : les attaques ciblées de prétendus criminels liés au terrorisme ou à la conspiration au moyen de drones et d'autres armes de précision utilisables à distance.

Ainsi, et bien que selon les chiffres, plus de 110 pays aient aboli la peine capitale de façon officielle, nous nous inquiétons que celle-ci soit, souvent illégalement et à des degrés différents, toujours en vigueur partout dans le monde.

J'appelle donc les chrétiens, et tous les hommes et femmes de bonne volonté, à lutter non seulement pour l'abolition de la peine de mort sous toutes ses formes mais aussi pour l'amélioration des conditions d'incarcération afin qu'elles respectent la dignité humaine des détenus. Encore plus quand, dans de nombreux pays, les prisons regorgent de pauvres qu'un système de plus en plus injuste pousse à une vie de crimes, sans leur offrir la garantie minimale d'un procès équitable, et en les abandonnant au lynchage médiatique.

Être des pèlerins de l'espérance nous oblige également à offrir une ancre et une voile aux personnes privées de leur liberté, pour leur redonner confiance à elles aussi.

III

Le visage d'un migrant

Je crois en la force de l'immigration. Je défends l'espérance des gens qui sont contraints d'abandonner leur terre. Je suis un fils d'immigrés et ma famille sait dans sa chair ce qu'est d'arriver dans une ville inconnue, d'aller y chercher du travail, de s'habituer à une nouvelle langue, de sentir les regards de ceux qui se considèrent menacés par ces nouveaux arrivants. Je sais ce qu'est l'immigration parce qu'elle fait partie de ma construction familiale mais également parce que, depuis onze ans que je suis pape, j'ai croisé des milliers de visages de personnes qui avaient dû renoncer à leur patrie pour aller chercher un avenir meilleur. Quelque chose unit le visage de mon immigré de père à celui de l'Africain qui traverse la Méditerranée, à celui du Vénézuélien qui traverse la jungle et à celui du Rohingya en fuite : l'espérance. Elle vit en eux.

Malgré les problèmes, les risques et les difficultés qu'ils devront affronter, des millions de nos frères et sœurs, partout dans le monde, migrent pleins de confiance et d'espérance. Ils portent dans leur cœur le désir d'un avenir meilleur, pour eux mais également pour leurs familles et leurs proches (Message pour la Cᵉ Journée mondiale du migrant et du réfugié, 2014).

Songeons à la difficulté de laisser derrière soi son pays d'origine pour entreprendre le voyage risqué de l'espérance, notre valise pleine de désirs et de peurs, à la recherche de conditions de vie plus humaines (Message pour la CIᵉ Journée mondiale du migrant et du réfugié, 2015).

Ayons de l'empathie. « N'est-ce pas le désir de chacun d'améliorer ses conditions de vie et d'obtenir un bien-être honnête et légitime, à partager avec ceux qui lui sont chers ? » (Message pour la CIIᵉ Journée mondiale du migrant et du réfugié, 2016). Pensons à toutes ces fois où nous avons souhaité la même chose, de tant de façons différentes.

C'est l'histoire de l'Humanité. C'est le désir on ne peut plus humain d'une vie meilleure. C'est l'espérance de se construire un avenir.

Le déplacement de milliers de personnes n'est plus un phénomène qui se limite à certaines parties du monde, il existe sur tous les continents. Les migrants parlent des langues différentes mais ils sont unis par un langage : celui de l'amour et de l'espérance.

Il s'agit d'hommes et de femmes, de personnes âgées et d'enfants, qui se voient contraints d'abandonner leurs maisons pour aller chercher ailleurs la paix, la sécurité et un avenir digne. Pour nombre d'entre eux, gravons bien cette idée dans nos cœurs, il s'agit d'une question de vie ou de mort.

Serrons dans nos bras ceux qui migrent, ouvrons-nous à la possibilité de nous enrichir en faisant leur connaissance, en dialoguant avec eux. L'espérance est une vertu bien plus belle si nous l'expérimentons en communauté : ceux qui arrivent jusqu'à nos terres et jusqu'à nous, allons, nous, jusqu'à leur cœur, pour les comprendre, pour comprendre leur culture, leur langue. Laissons leur espoir se refléter en nous, nous donner de la force à nous aussi.

L'un d'entre vous doute-t-il de la force de l'espérance ? C'est grâce à elle que nos frères et sœurs en quête d'une vie meilleure survivent aux dangers du voyage, aux chantages illégaux, grâce à elle qu'ils surmontent les expulsions ou les détentions imposées par des pays qui ne veulent pas d'eux. C'est grâce à elle, cette vertu silencieuse, que ces hommes et ces femmes continuent, une fois arrivés, de se battre pour obtenir un emploi, de meilleures conditions de vie et, parfois même, le regroupement tant espéré de leur famille.

De nos jours, il est de plus en plus dur de quitter un pays pour un autre. Il est loin le temps où il suffisait à une famille de monter à bord d'un bateau pour rejoindre un nouvel endroit et aussitôt commencer une nouvelle vie, en travaillant au sein d'une communauté. Même les nations qui doivent leur grandeur à l'arrivée massive de milliers d'étrangers, ou celles dont le peuple était dispersé à travers le monde, érigent aujourd'hui des murs et se dédouanent de la question.

Non, de nos jours, migrer est un chemin semé d'embûches et de violences. Nous le constatons du désert du Sahara à la forêt du Darién, de la frontière entre les États-Unis et le Mexique à la Méditerranée qui, depuis dix ans, s'est convertie en un « grand cimetière ». Nous le voyons également au Moyen-Orient avec la tragédie humanitaire qu'est Gaza et en Extrême-Orient avec la persécution des Rohingyas.

« Tu ne maltraiteras pas l'étranger, et tu ne l'opprimeras point, car vous avez été des étrangers dans le pays d'Égypte » (*Exode* 22, 21). En tant que chrétiens, nous devons nous intéresser à chaque réfugié et à chaque migrant qui renonce à sa patrie. Où est-il écrit que leur espérance vaut moins que celle de ceux qui s'installent dans un autre pays pour mieux profiter de leur retraite ou faire des affaires, souvent lucratives ? Nous ne pouvons pas continuer comme ça. La mort de personnes innocentes, surtout des enfants, en quête d'une existence plus sereine loin des guerres et de la violence, est un cri de douleur assourdissant qui ne peut pas nous laisser indifférents.

Face aux migrations actuelles

L'espérance sera le thème central de l'Année sainte qui approche. Il y a un quart de siècle, lors du grand Jubilé des deux mille ans de l'annonce des anges à Bethléem, saint Jean-Paul II a affirmé que le nombre croissant de déplacés était la conséquence de « l'interminable et horrible suite de guerres, de conflits, de génocides, de purification ethniques » qui a marqué le XXe siècle (Jean-Paul II, Message pour la XXXIIIe Journée mondiale de la paix, 1er janvier 2000). Aujourd'hui, nous ajouterons que, même dans des pays en paix, les blessures irréparables d'une économie qui tue restent une des causes principales du déplacement des populations à l'intérieur comme à l'extérieur des frontières d'une nation.

Les hommes migrent depuis que l'humanité existe. Ils le font pour des raisons différentes mais principalement par « désir d'une vie meilleure auquel il faut souvent ajouter celui de vouloir laisser derrière eux le “désespoir” d'un avenir impossible à construire », comme l'a souligné il y a plus d'une décennie mon prédécesseur Benoît XVI (Message pour la XCVIII^e Journée du migrant et du réfugié, 2012). Ils partent pour retrouver leurs familles, pour décrocher de meilleures opportunités professionnelles et éducatives : celui qui est privé de ces droits ne peut pas vivre en paix. Ce qui n'empêche pas certains de considérer les migrants et les réfugiés comme « des pions sur l'échiquier de l'humanité » (Message pour la C^e Journée mondiale du migrant et du réfugié, 2014).

Nous parlons pourtant d'enfants, de femmes et d'hommes qui abandonnent ou sont forcés d'abandonner leurs maisons pour tout un tas de raisons et partagent ce même désir légitime de connaître, d'avoir, mais surtout d'être, quelque chose de plus. Nous assistons aujourd'hui au plus grand déplacement de personnes et de populations de tous les temps. L'Histoire nous jugera sur notre comportement face à celui qui a faim, celui qui a soif, celui qui est un étranger (*Matthieu* 25, 35-40).

Permettez-moi de répéter ce que j'expliquais récemment aux représentants des 180 pays avec lesquels le Saint-Siège entretient des relations, dans l'espoir d'envoyer un message aux responsables politiques de toute la planète : « Face à cette immense tragédie, nous finissons facilement par fermer notre cœur, en nous retranchant derrière la peur d'une "invasion". Nous oublions facilement que nous avons devant nous des personnes avec des visages et des noms » (Discours aux membres du corps diplomatique accrédité près le Saint-Siège pour la présentation des vœux de la nouvelle année, 8 janvier 2024).

Il sera difficile que ce monde redevienne un lieu de portes ouvertes à toute personne qui souhaite migrer en quête d'un meilleur avenir, comme il l'était à l'époque de mes parents. À vrai dire, la réalité est tout autre : les marchandises connaissent toujours moins de restrictions pour aller d'un pays à un autre tandis que les êtres humains toujours plus. Nous exigeons donc des accords migratoires, ne serait-ce que minimes, qui stipuleraient que les responsabilités doivent être partagées par tous les pays et établiraient des lois visant à accueillir, promouvoir, accompagner et intégrer les migrants.

Cela doit se faire en respectant leur dignité, tout comme il convient de respecter la culture, la sensibilité et la sécurité des populations qui se chargent de leur accueil et de leur intégration. En outre, « il est nécessaire de rappeler le droit de pouvoir demeurer dans sa patrie et la nécessité qui en découle de créer les conditions pour qu'il puisse s'exercer effectivement » (*ibid.*).

Nous devons lever le voile sur les structures systémiques qui poussent des millions de personnes à quitter leur pays pour trouver un meilleur avenir, souvent avec pour tout bagage les seuls habits qu'ils portent. Les migrants ne semblent, hélas, passer aux infos que lorsqu'ils se font arrêter par la police ou meurent par douzaines durant leur traversée, de la mer ou du désert. L'indifférence générale fait que, de nos jours, le public n'est même pas mis au courant quand ces morts ne se comptent que sur les doigts d'une main.

Il semble donc utopique de demander aux médias de relayer également toutes ces autres histoires, celles de migrants qui réussissent à s'intégrer sans heurts sur leur terre d'accueil, celles de ces vies sauvées, celles où ils partagent leurs richesses au bénéfice de toute la communauté.

De plus, les récentes guerres aux répercussions internationales ont dévié le peu d'attention que les médias portaient à un phénomène qui continue pourtant d'exister au quotidien. La tragédie de millions de nos frères et sœurs migrants oscille aujourd'hui entre invisibilisation et spectacularisation.

Ce phénomène de migrations forcées, dans des conditions toujours plus inhumaines, est une crise humanitaire qui nous concerne tous. Historiquement, les migrations ont favorisé les échanges entre les peuples et les cultures, elles ont enrichi les civilisations et encouragé le dialogue entre plusieurs pensées, en confrontant de façon positive différentes sciences, philosophies, visions du droit et de bien d'autres disciplines encore.

Cependant, cette tradition de l'humanité a peu à peu été remplacée par deux mots qui nourrissent les peurs de nombreuses populations : « invasion » et « urgence ». Plus que des réalités prouvées, ils semblent être les chevaux de bataille d'une poignée de personnes dont la victoire électorale paraît dépendre du degré de méfiance du peuple. Ou, pire encore, ils sont les instruments de ceux qui, pour continuer leur trafic d'êtres humains, boycottent toute tentative d'accords internationaux qui feraient de l'émigration un droit humain et non un chemin vers une mort certaine.

Il faut connaître les faits concrets et comprendre qu'il ne s'agit pas d'une invasion, mais de personnes qui se sont vues forcées de tout abandonner et de fuir leur pays à cause d'une guerre civile, de violences ou du changement climatique. Par ailleurs, l'exacerbation du mode de vie occidental, et de ses prétendus succès et conforts, attire parfois de nombreux migrants dont les attentes ne sont pas vraiment réalistes et qui vont se retrouver confrontés à de grandes désillusions.

Pour un droit universel à ne pas migrer

On ne peut pas aimer ce qu'on ne connaît pas. Jésus nous l'enseigne lui-même dans l'histoire des disciples d'Emmaüs : « Alors qu'ils parlaient et raisonnaient, Jésus s'approcha et fit route avec eux. Mais leurs yeux étaient empêchés de manière qu'ils ne le reconnurent pas » (*Luc* 24, 15-16).

Souvent, nous ignorons tant les réalités des pays d'origine de nos frères migrants que nous n'éprouvons aucune empathie pour leur situation. Toujours plus de conflits, de catastrophes naturelles ou de difficultés à vivre une vie digne et prospère obligent des millions de personnes à quitter leur terre d'origine. Au début du siècle, saint Jean-Paul II affirmait que « créer des conditions concrètes de paix, en ce qui concerne les migrants et les réfugiés, signifie s'engager sérieusement à défendre avant tout le droit à ne pas émigrer, c'est-à-dire à vivre en paix et dignement dans sa propre patrie » (Jean-Paul II, Message pour la XC^e^ Journée mondiale du migrant et du réfugié, 2004).

Avoir de l'empathie pour les migrants, c'est comprendre qu'il faut défendre le droit de chacun de vivre avec dignité sur sa terre d'origine et de ne pas être obligé de la quitter.

Tout être humain devrait pouvoir contribuer sereinement au développement du pays où il est né.

Oui, c'est un processus à plus long terme mais que sommes-nous censés exiger de ceux qui nous gouvernent, sinon des politiques à long terme ? Cette mission se divise en plusieurs étapes. La première devrait être d'aider les pays dont sont originaires les migrants.

Un saint a dit un jour que les pays riches devraient garder en tête, dans leurs relations avec ceux qui sont encore en voie de développement, « qu'il ne s'agit pas de leur donner plus à chaque fois, sinon de les sortir à chaque fois du moins ». La solidarité, la coopération, l'interdépendance internationale et la juste répartition des richesses de la terre semblent être des éléments essentiels si nous voulons vraiment influer, en profondeur et de façon effective, sur les régions du monde d'où partent les flux migratoires.

La seule manière d'endiguer les départs, quel que soit l'endroit du monde, c'est de s'attaquer aux raisons qui poussent les personnes, individuellement ou collectivement, à abandonner leur propre environnement, naturel et culturel.

Je le répète : « Migrer devrait être un choix libre, jamais le seul possible » (Angelus, 24 septembre 2023).

Alors que nous célébrons le 75e anniversaire de la Déclaration des droits de l'homme, nous devons parvenir à un consensus universel et légiférer le droit à ne pas émigrer et pouvoir rester vivre sur sa terre natale. Il faut garantir à chaque personne la possibilité de vivre dignement dans sa patrie d'origine, dans la société à laquelle elle appartient, dans le quartier au cœur duquel elle a grandi.

Les facteurs qui provoquent tous ces déplacements à travers le monde ne sont pas des événements qui échappent au contrôle de l'être humain. La misère, les guerres nourries par l'égoïsme et la course à l'armement croissante, la crise climatique due à la déprédation de la planète sont toutes des causes de migration que nous pouvons enrayer. Il ne tient qu'à nous de créer les conditions qui garantiront à celui qui veut rester dans son pays de pouvoir le faire… il ne manque que la volonté et l'engagement politique international à essayer.

Assurer à celui qui veut rester dans son pays un développement humain intégral[7] devrait être une question d'humanité. Mais puisque ce n'est pas le cas, il est aussi nécessaire qu'urgent d'en faire, légalement, un droit universel.

Sur la question migratoire, la collaboration des pays est de plus en plus pressante, particulièrement quand on sait que les ressources naturelles du monde ne sont pas illimitées. Le développement des pays les plus pauvres dépend de la capacité de partager les richesses entre les nations.

En Europe, plusieurs débats récents ont évoqué la possibilité de lancer un nouveau programme de développement du continent africain d'une envergure similaire aux aides que le Vieux Continent à lui-même reçu après la débâcle socio-économique de la Seconde Guerre mondiale.

---

7. Promouvoir tout homme et tout l'homme, prendre en considération la croissance matérielle mais aussi spirituelle de la personne humaine.

L'intégration des pays

Je tiens à répéter qu'il est « absolument nécessaire que l'on combatte, dans les pays d'origine, les causes qui provoquent l'émigration » (Message pour la CIII[e] Journée mondiale du migrant et du réfugié, 2017). Il faut que les programmes dédiés, dans les régions en proie à l'instabilité et aux injustices les plus graves, permettent un véritable développement et promeuvent le bien de toutes les populations, en particulier celui des enfants, espérance de l'humanité.

Si nous voulons résoudre ce problème qui nous affecte tant, nous devons le faire en incluant tous les pays, ceux qui expulsent, ceux de transit, ceux de destination et ceux où les migrants reviennent parfois. Face à ce défi, aucun pays ne peut agir seul ni envisager d'aborder la question de façon isolée, à travers des législations toujours plus restrictives et répressives, souvent adoptées sous la pression de la peur et de la tactique électorale.

Puisque nous sommes témoins d'une mondialisation de l'indifférence (Exhortation apostolique *Evangelii Gaudium*, 54, 24 novembre 2013), il faut y répondre par une mondialisation de la charité et de la coopération, afin d'humaniser les conditions des migrants.

Prenons des exemples récents vus en Europe. La plaie, toujours béante, de la guerre en Ukraine a obligé des milliers de personnes à abandonner leurs maisons, surtout durant les premiers mois du conflit. Pourtant, nous avons été témoins d'un accueil sans retenue de la part de nombreux pays frontaliers, comme la Pologne. Il existe un phénomène similaire au Moyen-Orient où la Jordanie et le Liban ont ouvert grand leurs portes et sont devenus une terre de salut pour des millions de personnes fuyant les conflits armés de la région : je pense notamment à nos frères palestiniens qui ont été forcés de fuir Gaza à cause de la famine, la nourriture et l'aide humanitaire n'arrivant plus. Ce qui se passe là-bas semble réunir, selon plusieurs experts, les caractéristiques d'un génocide. La situation doit être minutieusement étudiée afin que l'on détermine si elle correspond à la définition légale consacrée par les juristes et les institutions internationales.

Le monde entier doit travailler de concert pour impliquer les pays d'origine des flux migratoires majeurs dans un nouveau cycle vertueux de croissance économique et de paix. Pour que la migration devienne un choix véritablement libre, nous devons nous assurer que tous les pays participent de façon équitable au bien commun, respectent les droits fondamentaux et permettent à leurs habitants un développement humain intégral. Ce ne sera qu'une fois ce minimum garanti dans toutes les nations du monde que nous pourrons dire que celui qui migre le fait librement et réfléchir à une solution véritablement globale. Je pense particulièrement aux jeunes qui, en émigrant, causent souvent une double fracture au sein de leurs communautés : la première parce que ces dernières perdent leurs éléments les plus prospères et moteurs, la seconde parce que les familles s'égrènent.

Cependant, pour espérer la réalisation de ce scénario, nous devons d'abord faire un pas fondamental : mettre fin aux termes d'échange inégaux entre les pays. En effet, plusieurs pays du monde sont unis par des liens prétendument commerciaux : c'est une fiction. Il s'agit souvent plus de transactions entre une filiale qui pille le territoire d'un pays pauvre puis envoie son butin à sa maison-mère dans un pays développé. Je pense, par exemple, aux secteurs liés à l'exploitation des ressources naturelles souterraines, ces fameuses veines ouvertes d'un territoire évoquées par Eduardo Galeano (*Les Veines ouvertes de l'Amérique latine*, Plon, 1981).

Quand j'entends tel ou tel dirigeant européen se plaindre des flux migratoires en provenance de l'Afrique, je me demande s'il lui arrive de se plaindre également du néocolonialisme qui subsiste, aujourd'hui encore, dans de nombreuses nations africaines ?

Je me rappelle avoir abordé, lors de mon voyage en république démocratique du Congo en 2023, la question du pillage actuel de certaines nations : « Il existe cette devise qui sort de l'inconscient de tant de cultures et de tant de personnes : "L'Afrique doit être exploitée" et c'est terrible ! Après le colonialisme politique, un "colonialisme économique", tout aussi asservissant, s'est déchaîné. Ce pays, largement pillé, ne parvient donc pas à profiter suffisamment de ses immenses ressources : nous sommes arrivés au paradoxe que les fruits de sa terre le rendent "étranger" pour ses habitants. Le poison de la cupidité a *ensanglanté* ses *diamants* » (Rencontre avec les autorités, la société civile et le Corps diplomatique au jardin du palais de la Nation de Kinshasa, 31 janvier 2023).

Nous savons désormais que la « théorie économique du ruissellement » ne fonctionne pas, ni au niveau national, ni au niveau international (Discours à la IIe rencontre mondiale des mouvements populaires, 9 juillet 2015). Il faut aider les pays en périphérie, qui sont le plus souvent le point d'origine des flux migratoires, à neutraliser les pratiques néocoloniales qui tentent de perpétuer les asymétries.

Une fois que le monde se sera mis d'accord pour promouvoir le développement local des personnes qui, sinon, finiraient par émigrer, les dirigeants, appelés à exercer une bonne politique, devront agir de façon transparente, honnête, prévoyante et au service de tous, en particulier des plus vulnérables (Message pour la CIXe Journée mondiale du migrant et du réfugié, 2023).

Les pays développés doivent eux aussi revoir leurs critères de jugement en matière de corruption des entreprises publiques ou de transport international. Parce que si, dans un endroit du monde, un dictateur ou un dirigeant acceptent une valise pleine d'argent en échange des ressources de son pays, c'est que de l'autre côté un patron de multinationale lui propose ladite valise.

La tâche est difficile quand « tant de pays en voie de développement en proie à l'instabilité, aux régimes autoritaires, aux guerres et à la désertification, regardent les plus aisés, dans ce monde globalisé où nous sommes tous connectés mais où les fossés n'ont jamais été aussi profonds » (Discours à la session conclusive des « Rencontres méditerranéennes », palais du Pharo, Marseille, 23 septembre 2023).

Une fois que nous aurons créé les conditions pour que ceux qui veulent s'épanouir dans leurs propres pays puissent le faire, il ne s'agira pas de rejeter les migrants mais de garantir, massivement, leur entrée légale et régulière, partout sur la planète, en fonction, évidemment, des possibilités d'accueil de chaque nation.

C'est la seule façon de vaincre les trafiquants d'êtres humains qui profitent de l'illégalité des migrations pour vendre à ceux en quête d'un meilleur avenir l'illusion d'une entrée facile dans un pays étranger. Mais la réalité de ces voyages, c'est que les migrants sont très souvent dépouillés de leurs biens, victimes d'abus sexuels, maltraités, laissés seuls à leur sort au beau milieu de la traversée et parfois même assassinés. Et c'est un fléau mondial qui survient aussi bien dans les déserts du continent américain que dans les mers d'Europe ou les montagnes du Proche-Orient.

La question migratoire concerne les pays d'origine mais également ceux de transit, où les migrants sont encore victimes d'abus physiques et psychologiques, où on les détient parfois illégalement dans des centres qui ne respectent pas leurs droits humains. J'ai pu voir de mes propres yeux les tortures qu'on faisait subir à des personnes enfermées dans les camps de concentration d'un des pays d'où partent probablement le plus de barques pour l'Europe. Tout cela est d'une cruauté sans nom.

Nous parlons de frères et sœurs qui, dans la majorité des cas, ont vendu tout ce qu'ils possédaient puis parcouru des milliers de kilomètres dans des conditions inhumaines afin de se rapprocher de cette terre qu'ils considèrent comme promise. Ça ne se passe pas seulement en Afrique. Nous avons vu les images de ces caravanes de migrants, longues de plusieurs kilomètres, qui traversent l'Amérique centrale du sud au nord, tout cela pour rejoindre un pays de transit où ils seront maltraités et exploités par des trafiquants. Les services de sécurité et le pouvoir politique des pays de destination, étant témoins de ces situations, ne sont-ils pas, au moins par omission, complices de ces crimes ?

Un groupe d'évêques officiant près de la frontière américaine a dénoncé les politiques migratoires du Mexique et des États-Unis, l'un pays de transit et l'autre de destination, en affirmant qu'elles avaient « mis les migrants dans une situation de grave vulnérabilité et engendré l'incertitude, le rejet, la persécution et la violation des droits humains, en les abandonnant aux mains d'organisations criminelles s'ils voulaient avoir une chance d'arriver à destination » et que la militarisation de la région avait donné lieu à « des abus d'autorité, des détentions arbitraires et des familles séparées » (Message des Évêques de la frontière du Texas et du Mexique, « Unis pour construire l'avenir des migrants », 7 janvier 2024). Si seulement leurs mots pouvaient nous faire réfléchir.

Travailler tous conjointement sera difficile mais pas impossible. Un tel effort implique que nous nous demandions ce que nous pouvons mettre en place mais également ce à quoi nous devons mettre un terme. Et il ne fait aucun doute que « nous devons nous efforcer de mettre fin à la course à l'armement, au colonialisme économique, au pillage des ressources des autres, à la dévastation de notre maison commune » (Message pour la CIX[e] Journée mondiale du migrant et du réfugié, 2023).

Tandis que nous lançons ce processus qui permettra de résoudre à moyen et long termes la question migratoire, nous avons le devoir de faire preuve du plus grand respect qui soit envers la dignité de chaque migrant. Cela signifie accompagner et gérer les flux du mieux possible, en construisant des ponts et non des murs et en améliorant les routes d'accès pour une migration sûre et légale.

Quel que soit le pays où un être humain décide de construire sa vie et celle de sa famille, l'essentiel est qu'il y ait toujours une communauté disposée à l'accueillir, à le protéger, à le promouvoir et à l'intégrer, lui et tous les autres, sans distinction et sans exception. Voilà les quatre verbes qui vont nous aider à maintenir la flamme de l'espérance de nos frères migrants.

Accueillir, protéger, promouvoir, intégrer

Nous devons promulguer des lois qui respectent les droits humains fondamentaux et répondent aux besoins des populations locales comme à ceux des migrants, tout en tenant compte des capacités de chaque pays à accueillir ces derniers.

Ma position a toujours été très claire : il faut accueillir les immigrants, les protéger et les accompagner, les promouvoir et les intégrer. Face à l'adversité croissante du monde, le critère premier ne peut pas être la conservation de son bien-être à soi, mais la sauvegarde de la dignité humaine. Ces quatre verbes nous guideront vers une politique fraternelle et solidaire envers les migrants, et redéfiniront également nos relations avec les habitants de toutes les périphéries.

Accueillir, c'est ouvrir la porte – dans la mesure des possibilités de chaque pays et tant qu'ils sont honnêtes sur le nombre de personne qu'ils sont capables de recevoir. Cela signifie faciliter les mécanismes d'entrée sûre et légale dans les pays de destination. Plusieurs solutions pourraient être implantées : simplifier l'obtention d'un visa, surtout pour motif humanitaire ou de regroupement familial, endiguer les déportations qui séparent les mères de leurs enfants, proposer une aide consulaire adéquate et garantir un accès aux soins, à la justice et à la liberté religieuse, entre autres initiatives.

La vie nous a été donnée gratuitement, nous n'avons rien payé pour elle. Nous sommes tous appelés à donner sans attendre, à faire le bien sans exiger. C'est ce que Jésus dit à ses disciples : « Vous avez reçu gratuitement, donnez gratuitement » (*Matthieu* 10, 8). Suivons cet exemple et accueillons l'étranger même si, de prime abord, il ne semble pas apporter de bénéfice tangible. N'imitons pas ces pays qui ne veulent accueillir que des scientifiques ou des investisseurs. Nous ne pouvons pas nous permettre de trier les migrants – d'un côté les martyrs, de l'autre les personnes de première et de seconde classes – selon des critères utilitaristes qui nient la dignité. Il faut tous les accueillir, indépendamment de leur religion, leur race, la couleur de leurs yeux ou leur niveau d'études.

En plus d'accueillir, il faut protéger. Le statut de migrant devrait être une question secondaire, loin derrière la condition d'être humain de chacun de nos frères et sœurs d'ailleurs. Cette protection doit commencer dès le pays d'origine, elle doit également être garantie durant tout le voyage et sur le lieu d'arrivée. Les autorités locales doivent coopérer afin de garantir à celui qui arrive le droit de ne pas se voir confisquer ses papiers d'identité, celui de ne pas être persécuté par les forces de l'ordre à cause de sa condition de migrant, et un accès aux soins minimum si c'était nécessaire.

Mais d'autres petits gestes du quotidien peuvent constituer une forme de protection. Il faut par exemple éradiquer de notre langage le fait d'employer la nationalité ou la couleur de peau d'un migrant comme une forme d'insulte.

« Tes portes seront toujours ouvertes, tu ne les fermeras ni le jour ni la nuit, afin de laisser entrer chez toi les trésors des nations » (*Ésaïe* 60, 11). La présence des migrants et des réfugiés constitue un énorme défi, mais c'est également une chance de croissance culturelle et spirituelle pour nous tous. Après les avoir accueillis et protégés, il faut promouvoir les migrants. Quand je demande aux nations du monde d'ouvrir leurs portes aux migrants, je leur demande également de permettre leur développement intégral, de leur donner la possibilité de se réaliser en tant que personne, dans tous les aspects de notre humanité tant chérie du Créateur.

Il faut notamment mieux promouvoir l'insertion socio-professionnelle des émigrés et des réfugiés, garantir à tous, quelle que soit la raison de leur migration, la possibilité de travailler et leur donner, en parallèle, accès à des cours de langue et de citoyenneté, ainsi qu'à des informations adéquates dans leurs langues d'origine. En Italie, nous avons l'exemple d'un jeune prêtre, don Mattia Ferrari, qui s'implique non seulement dans les actions de sauvetage en mer mais se bat également avec sa communauté pour une intégration durable et viable des migrants.

De plus, une migration bien gérée aiderait à endiguer la crise de natalité sévère dont souffrent de nombreux pays, surtout européens. C'est un problème très grave que les personnes qui viennent d'autres nations peuvent nous aider à résoudre si tant est que nous les intégrions pleinement et arrêtions de les considérer comme des citoyens de « seconde zone ».

Par conséquent, l'intégration des migrants est fondamentale. Si certains considèrent, aujourd'hui, leur rejet comme un salut, ce ne sera pas le cas demain. Les générations futures nous remercierons d'avoir su créer les conditions d'une intégration indispensable ou bien elles nous accuseront de n'avoir su encourager que des assimilations stériles (Discours à la session conclusive des « Rencontres méditerranéennes », palais du Pharo, Marseille, 23 septembre 2023). Une assimilation stérile est une assimilation polyédrique où chacun conserve ses caractéristiques, un modèle d'intégration daté qui ne tient pas compte des différences et reste figé dans ses propres paradigmes.

L'idéal d'intégration contribue à une meilleure connaissance de tous. Dès l'enfance, nous « mélanger » aux autres nous permet de dépasser de nombreux préjugés et barrières, et de développer notre identité dans un contexte d'enrichissement mutuel.

En même temps, et de la même façon que celui qui accueille a pour mission de promouvoir le développement humain intégral du migrant, celui qui est accueilli doit respecter les règles du pays hôte. Finalement, les uns comme les autres sortiront enrichis de cet échange. Le tout est toujours supérieur aux parties.

Agir avec ces quatre verbes pour guide, voilà ce que signifie être un bon chrétien. Le *Catéchisme de l'Église catholique* nous indique que « les nations les plus prospères sont tenues d'accueillir, autant que faire se peut, l'étranger en quête de la sécurité et des ressources vitales dont il ne dispose pas dans son pays d'origine. Les pouvoirs publics veilleront au respect du droit naturel qui place cet hôte sous la protection de ceux qui le reçoivent » (*Catéchisme de l'Église catholique*, n° 2241).

Cela n'exempte en rien celui qui arrive dans un nouveau pays de ses responsabilités. En effet, « l'immigrant est obligé de respecter avec gratitude le patrimoine matériel et spirituel du pays qui l'accueille, obéir à ses lois et contribuer à ses charges » (*ibid.*).

Les Saintes Écritures disent : « N'oubliez pas l'hospitalité car en l'exerçant, certains ont sans le savoir accueilli des anges » (*Hébreux* 13, 2). Aujourd'hui, la fidélité à l'Évangile passe aussi par le fait d'accueillir, de protéger, de promouvoir et d'intégrer.

Les enfants migrants

« Et quiconque reçoit un enfant comme celui-ci en mon nom, me reçoit moi, et quiconque me reçoit, ne me reçoit pas moi, sinon celui qui m'a envoyé » (*Marc* 9, 37 ; *Matthieu* 18, 5 ; *Luc* 9, 48 ; *Jean* 13, 20).

Dans cette tragédie migratoire, où le rêve d'une vie meilleure de millions de personnes se transforme parfois en funeste voyage, ce sont les enfants qui souffrent le plus.

Les mineurs arrivent profondément bouleversés par des drames bien plus grands qu'eux. Ils ont souvent été les témoins de tragédies qui les marqueront à vie.

Ces jeunes vies sont sans défense face à l'augmentation de fléaux monstrueux tels que le trafic et l'exploitation d'enfants, les abus physiques et psychologiques et le non-respect général de leurs droits pourtant protégés par la Convention internationale des droits de l'enfant.

Les enfants « constituent, parmi les migrants, le groupe le plus vulnérable parce que, alors qu'ils se lancent dans la vie, ils sont invisibles et sans voix : la précarité les prive d'identité, en les cachant aux yeux du monde ; l'absence d'adultes pour les accompagner empêche que leur voix s'élève et se fasse entendre » (Message pour la CIIIe Journée mondiale du migrant et du réfugié, 2017).

En premier lieu, il faut les accueillir dans des structures adéquates et non dans des centres d'accueil pour adultes, comme c'est souvent le cas. Nous devons porter une attention toute particulière aux enfants qui migrent seuls ou séparés de leur famille. Le monde entier a vu les images de ces centres de détention où des mineurs étaient enfermés dans des cages d'un côté de la frontière et le reste de leurs familles déporté de l'autre. Qu'est-il arrivé à nos cœurs pour qu'ils acceptent une telle réalité ?

En plus des risques qu'ils encourent comme tout migrant, les enfants doivent faire face à des obstacles bureaucratiques qui, souvent, nient leur droit universel à une nationalité. J'appelle la communauté internationale à s'engager à ce que l'apatridie cesse d'être une complication supplémentaire de la situation déjà si difficile que vivent ces mineurs.

Nous sommes profondément inquiets pour la sécurité et le bien-être des mineurs migrants toujours plus nombreux – la majorité d'entre eux voyageant seuls ou bien séparés de leurs familles. Les chiffres officiels d'un pays européen montrent qu'au cours de l'année 2023, 1 500 mineurs non accompagnés sont arrivés tous les mois. Ces derniers ne peuvent pas attendre. Leur intérêt doit primer parce qu'il est supérieur. Nous devons agir et mettre en place des politiques pertinentes qui favorisent le regroupement familial.

La situation des migrants mineurs « s'aggrave toujours plus quand ils sont en situation irrégulière ou à la solde de la criminalité organisée » (*ibid.*). Leur destin se limite souvent à se retrouver enfermés dans un centre de détention où ils cohabitent avec des adultes, à être déportés ou cooptés par des réseaux de traite.

Comme l'a rappelé Benoît XVI, nous devons prendre toutes les mesures nécessaires pour assurer la protection et la défense des migrants mineurs, vu que « ces garçons et ces filles finissent souvent à la rue, livrés à eux-mêmes et à la merci de ceux qui les exploitent sans scrupule et, bien souvent, font d'eux le récipient de leurs violences physiques, morales et sexuelles » (Benoît XVI, Message pour la XCIV[e] Journée mondiale du migrant et du réfugié, 2008).

Hélas, force est de constater que la frontière entre émigration et trafic est parfois floue. La traite d'êtres humains est un fléau alimenté par de nombreux facteurs qui font des enfants des cibles faciles. Il est honteux qu'une chose pareille survienne dans des sociétés qui se prétendent civilisées. Je suis en accord total avec le Dicastère pour la Doctrine de la foi quand il affirme que « la traite des personnes doit être elle aussi considérée comme une grave violation de la dignité humaine » (Dicastère pour la Doctrine de la foi, Déclaration *Dignitas Infinita* sur la dignité humaine, 8 avril 2024).

Nous devons donc lutter contre et ce de toutes nos forces – particulièrement quand il s'agit de cas d'exploitation et de violences infantiles. Si nous n'intervenons pas avec plus de rigueur et d'efficacité face à ces criminels, les mineurs continueront d'être victimes de toutes sortes de servitudes. Ne laissons pas qui que ce soit gommer le sourire de l'espérance de leur visage.

Les nouvelles ne sont pas que mauvaises. Certaines personnes se donnent pour mission d'aider les migrants mineurs. Je voudrais souligner le travail de sœur Norma Pimentel et de son équipe. Depuis plus de trois décennies, « Sister Norma » n'a pas eu peur d'être en première ligne et de soutenir les réfugiés et les migrants sur cette bande de terre qui sépare le Texas du Mexique, là où tant de personnes ont trouvé la mort. Dans ses centres, elle a reçu des milliers et milliers d'enfants, et les a toujours accueillis avec un visage humain.

Rien que durant cette dernière décennie, sœur Norma a accueilli plus de 23 000 personnes vulnérables. Elle a donné un repas chaud à ceux qui avaient faim, des médicaments à ceux qui étaient malades ainsi que plein de conseils et une aide d'urgence à ceux qui souhaitaient poursuivre leur voyage. Beaucoup d'entre eux ont tout perdu, ne les laissons pas perdre également leurs espérances.

S'ouvrir à l'autre

Ouvrons-nous à la rencontre avec l'autre. Dans un contexte où des nationalismes étriqués et exacerbés (Lettre encyclique *Fratelli tutti* sur l'amitié et la fraternité sociale, 11, 3 octobre 2020) et un individualisme radical (*ibid.*, 105) fissurent et divisent notre grande famille humaine, les personnes qui arrivent dans nos pays ont beaucoup à offrir à ce « nous » toujours plus grand que nous pouvons construire. Nous devons tendre la main, une main ouverte, une main d'humanité. N'oublions pas que, dans de nombreux cas, ces personnes arrivent après avoir marché durant des jours, des semaines voire des mois.

Ce serait une erreur de croire que, dans notre société hyper mondialisée, des gens peuvent s'épanouir en marge de la ruine des autres et seraient plus protégés en se refermant sur eux-mêmes. Aider notre prochain à progresser n'est pas seulement une question d'humanité. Même pour ceux qui n'envisagent le monde que comme une balance comptable, cela devrait être une question de rationalité : notre avenir est uni au leur, personne ne se sauve seul.

Jésus-Christ attend de nous que nous le reconnaissions chez les migrants et les déplacés, les réfugiés et les exilés. Il nous enjoint à partager nos ressources et à renoncer parfois à notre confort. Saint Paul VI nous a rappelé que « les plus favorisés doivent renoncer à certains de leurs droits pour mettre avec plus de libéralité leurs biens au service des autres » (Paul VI, Lettre apostolique *Octogesima adveniens*, 14 mai 1971, 23).

Dans notre maison commune, chacun doit pouvoir habiter le coin qu'il souhaite. Mais pour que la migration reste une option, il faut créer les conditions pour accueillir, protéger, promouvoir et intégrer. Ces verbes ne s'appliquent pas seulement aux migrants et aux réfugiés. Ils devraient être notre feuille de route, guider notre comportement avec les habitants de toutes les périphéries, existentielles comme matérielles.

En plus de nous montrer solidaires envers les migrants et les réfugiés, nous devons créer un ordre économico-financier mondial plus juste et plus équitable, ainsi que promouvoir une paix globale, condition indispensable pour le progrès authentique de tous. Sans exception.

En mettant en pratique ces verbes, nous contribuerons à construire la cité de Dieu et de l'homme. L'idéal de la nouvelle Jérusalem (*Ésaïe* 60 ; *Apocalypse* 21, 2) où tous les peuples sont unis, vivent en paix et concorde, en célébrant la bonté de Dieu et les merveilles de la Création : « Nous qui venons de Parthie, de Médie et d'Elam, nous qui habitons la Mésopotamie, la Judée et la Cappadoce, le Pont et l'Asie, la Phrygie et la Pamphylie, l'Égypte et les quartiers de la Libye voisine Cyrène, et nous Romains qui séjournons ici, tant Juifs que prosélytes, Crétois et Arabes – nous les entendons annoncer dans nos langues les choses magnifiques de Dieu » (*Actes* 2, 9-11).

Il est « toujours urgent de se souvenir que tout migrant est une personne humaine qui, en tant que telle, possède des droits fondamentaux inaliénables qui doivent être respectés par tous et en toutes circonstances » (Dicastère pour la Doctrine de la foi, Déclaration *Dignitas Infinita* sur la dignité humaine, 8 avril 2024).

Aujourd'hui, aucun d'entre nous ne peut passer plus de vingt-quatre heures sans être en contact direct avec un migrant et son histoire : le médecin qui nous ausculte, la personne qui cultive la terre dans laquelle poussent nos aliments, l'ingénieur qui a fabriqué notre ordinateur, le caissier de notre supermarché, le responsable de notre lieu de travail.

Les migrants ont beaucoup à nous offrir. Au fil de l'histoire, toutes les civilisations se sont construites sur les minuscules espérances accumulées de ceux qui ont pris le risque de migrer. Ne soyons pas ceux qui brisent ce cycle. Aidons-les. Il est hors de question que quelqu'un meure d'avoir espéré.

IV

Le visage d'un civil pendant la guerre

Il y a plus de quatre-vingt-cinq ans déjà, le pape Pie XII nous avertissait que « rien ne se perd avec la paix ; tout peut se perdre avec la guerre » (Pie XII, Message radiophonique de Noël, 24 décembre 1939). Le XXIe siècle a beau être bien entamé, nous ne semblons pas avoir retenu la leçon. Quand nous regardons autour de nous, nous voyons un monde toujours plus blessé et des millions de personnes qui souffrent au quotidien à cause des conflits armés et des dangers qui envahissent la planète.

Et dans cet obscur labyrinthe de mort et de destruction où nous nous sommes enfermés, rien ne semble indiquer que nous allons trouver une sortie. Nous vivons une époque où « l'humanité, oublieuse des drames du passé, affronte une nouvelle et difficile épreuve qui voit de nombreuses populations opprimées par la brutalité de la violence »

(*Spes non confundit*, Bulle d'indiction du Jubilé ordinaire de l'année 2025, 9 mai 2024). Malgré le désir de fraternité de nos peuples, les desseins des puissants de la terre n'aident pas ceux qui souhaitent voir le projet de Dieu se réaliser, un « projet de paix et non de malheur » (*Jérémie* 29, 11), à avoir confiance dans leurs justes aspirations.

La souffrance de chacun de nos frères et sœurs bouscule nos consciences. Elle nous interdit de nous taire, de rester indifférent face à la violence de Caïn et au cri d'Abel. Elle nous oblige au contraire à élever la voix avec force et à crier, comme l'a fait mon cher Paul VI il y a soixante ans : « Jamais plus les uns contre les autres, jamais, plus jamais. Jamais plus la guerre ! Jamais plus la guerre ! C'est la paix, la paix, qui doit guider le destin des peuples et de toute l'humanité » (Paul VI, Discours face à l'Assemblée générale des Nations unies, New York, 4 octobre 1965).

La guerre laisse toujours le monde dans un état pire que celui dans lequel elle l'a trouvé. Les pères conciliaires ont clairement affirmé que les dommages causés par un conflit armé ne sont pas seulement matériels mais également moraux (concile Vatican II, Constitution pastorale *Gaudium et Spes*, 79, 7 décembre 1965). La guerre est un échec de la politique et de l'humanité, un trébuchement honteux, une défaite face aux forces du mal.

Malgré tout, il reste toujours des traces d'espérance. Nous les voyons jour après jour chez ces civils, qu'il s'agisse d'hommes, de femmes ou d'enfants, qui souffrent des conséquences des conflits armés. Ce sont les mères, les fils ou les frères d'un soldat envoyé au front, ce sont les personnes dont le quotidien est affecté par les bombardements et les recrutements militaires massifs, ce sont ceux qui perdent un être cher, ceux que les seigneurs de la guerre qualifient de « dommages collatéraux ». C'est à ces visages de l'espérance que je pense quand je prie Dieu, tous les jours, de mettre fin à tous les conflits armés.

Notre doctrine nous enjoint de « protéger et aider » nos frères et sœurs sans défense (Conseil pontifical « Justice et Paix », Compendium de la doctrine sociale de l'Église, 504, 2004). Surtout dans un contexte où « trop souvent, la population civile est touchée, voire devient une cible de guerre » (*ibid.*). La dignité inaliénable de l'être humain, son droit absolu à la vie, doit toujours primer les intérêts des parties d'un conflit.

Dans le même esprit, le Saint-Siège n'a jamais cessé d'exiger une humanisation des conséquences des conflits armés. Il s'est fait l'avocat inconditionnel de la protection des populations civiles et des biens indispensables à leur survie, du respect des travailleurs médicaux et religieux, mais aussi de la sauvegarde d'autres types de richesses, comme l'environnement naturel, notre maison commune.

Il reste cependant beaucoup à faire. Il y a déjà plus de sept ans, quand les rafales de la mort ne traversaient pas encore nos cieux comme elles le font aujourd'hui d'est en ouest et du nord au sud, je me suis souvenu que « malgré la tentative louable de réduire, à travers la codification du droit humanitaire, les conséquences négatives des hostilités sur la population civile, il nous parvient trop souvent, depuis des lieux de guerres, des témoignages de crimes atroces, de véritables outrages aux personnes et à leur dignité, commis au mépris de toute considération élémentaire d'humanité » (Discours aux participants à la IIIe Conférence sur le droit international humanitaire, 28 octobre 2017).

Je pense tout particulièrement aux populations civiles qui souffrent de la Troisième Guerre mondiale morcelée qui afflige notre époque actuelle. Des conflits en cours dans plusieurs parties du monde, nous avons vu les images crues de bénévoles lâchement assassinés, à distance, de jeunes séquestrés, de journalistes qui cherchent à faire la lumière sur ces événements et qu'on transforme en cibles mouvantes. Là où existaient des graines d'espoir ont été semées des tempêtes de violence.

Je tiens à montrer la cruauté d'impliquer des civils dans ces conflits en évoquant certaines réalités spécifiques. Je veux notamment parler du drame des mines antipersonnel, du délit aberrant des enfants soldats et de tout autre crime de guerre commis contre des personnes sans défense, souvent les plus vulnérables, durant un conflit armé. Je parle également de la destruction des riches patrimoines culturels de l'humanité et des lieux de culte.

Aujourd'hui encore, dans de nombreuses régions du monde, les populations civiles tentent d'éradiquer les mines antipersonnel qui assassinent aveuglément des innocents, parfois des années après leur installation. Ces plaies ouvertes rappellent à des millions de personnes les cicatrices encore douloureuses de conflits passés. Ces sinistres explosifs nous obligent à constater les conséquences dramatiques de la guerre mais aussi la voracité de ceux qui veulent tuer à tout prix, à tout instant, dans toute forme de conflit.

Les mines antipersonnel sont le sillage mortel et dévastateur que laissent derrière eux les conflits armés. Elles frappent des civils innocents, surtout des enfants, parfois des années après la fin des combats. Selon des statistiques récentes, plus de 1 000 personnes dans le monde ont été ainsi cruellement assassinées rien qu'en 2023 (International Campaign to Ban Landmines, Rapport de 2023). Je parle d'enfants qui se promenaient avec leurs familles, de parents qui allaient travailler, de personnes qui cultivaient la terre. Tous portaient en eux l'espérance de vivre enfin en paix après la guerre.

Je tiens d'ailleurs à exprimer ma reconnaissance envers tous ceux qui ont contribué à aider les victimes et à nettoyer les zones contaminées. Cela fait plus de vingt-cinq ans que les associations travaillant pour l'éradication de ces dispositifs explosifs ont été distinguées au plus haut niveau international qui soit mais, quand bien même, leur lutte continue. Nous devons appliquer la législation internationale en vigueur et avancer vers nos objectifs afin de respecter notre obligation morale, politique et juridique de mettre fin à cette destruction massive au ralenti.

Une guerre devrait se terminer dès que cessent les combats. La lutte pour l'éradication des mines antipersonnel montre que nous sommes nombreux à penser que, y compris dans le cadre d'une chose aussi monstrueuse que la guerre, nous ne devrions pas perdre l'humanité qui nous caractérise.

Un autre visage de la cruauté des conflits armés contre les populations civiles est celui de l'embrigadement militaire des mineurs. Chaque enfant recruté est un coup porté à l'avenir de l'humanité. Chaque enfant recruté creuse une plaie dans le corps de Jésus, qui nous a dit : « Chaque fois que vous avez fait ces choses à l'un de ces plus petits de mes frères, c'est à moi que vous les avez faites » (*Matthieu* 25, 40). La voix de ces enfants ne leur permet pas d'apparaître dans les médias importants pour dénoncer la violation flagrante de leur dignité. Mais chacun d'entre eux est un cri qui s'élève vers Dieu et accuse les adultes qui ont mis une arme entre leurs si petites mains. Ne laissons personne voler leur espérance.

Au lieu de jouer au parc, d'aller à l'école et de grandir au sein d'un foyer aimant, des milliers d'enfants font actuellement partie de groupes armés au sein desquels ils tiennent des rôles variés, tels que soldats, cuisiniers, messagers, espions ou encore esclaves sexuels.

Ce comportement constitue non seulement une grave offense envers Dieu mais également une violation des droits de l'enfant. De surcroît, il déshumanise les adultes impliqués. C'est un fléau social qui exige une réponse engagée de la part de toute la société.

On vole tout à ces enfants soldats : leur enfance, leur innocence, leur avenir et parfois même leur vie. Aucune tradition ni culture ne peut justifier que des mineurs soient séparés de leur famille pour être recrutés par des organisations militaires qui abuseront d'eux de plein de façons différentes. Mettons fin à ce crime abominable.

Ces souffrances sont exacerbées par le fait que « les guerres modernes n'ont plus lieu uniquement sur des champs de bataille délimités et n'impliquent pas uniquement des soldats. Dans un contexte où le discernement entre objectifs militaires et civils semble ne plus exister, tout conflit finit, d'une façon ou d'une autre, par frapper aveuglément la population civile » (Discours aux membres du corps diplomatique accrédité près le Saint-Siège pour la présentation des vœux pour la nouvelle année, 8 janvier 2024). Nous avons tous vu les images récentes des guerres qui frappent l'Ukraine et Gaza.

Nous assistons à une autre forme encore de cruauté contre les populations civiles à travers la destruction délibérée des patrimoines culturels des peuples et de l'humanité. Bien avant les escalades récentes dans des zones particulièrement riches historiquement, nous constations déjà douloureusement que « les nouvelles se succèdent concernant des villes antiques et leurs trésors culturels millénaires réduits à des amas de décombres, concernant des hôpitaux et des écoles devenus la cible d'attaques délibérées, privant ainsi des générations entières de leur droit à la vie, à la santé et à l'éducation » (Discours aux participants à la IIIe Conférence sur le droit international humanitaire, 28 octobre 2017). Force est de constater que, au nom d'exigences militaires, ces sites finissent par être attaqués bien que le droit international humanitaire garantisse leur protection. C'est une grave offense aux valeurs de la vie humaine, laquelle ne devrait jamais être compromise par ce genre de stratégies.

Le *Catéchisme* dit que « tout acte de guerre qui tend à la destruction aveugle de villes entières ou de vastes régions avec leurs habitants est un crime contre Dieu et contre l'homme lui-même, qui doit être condamné fermement et sans hésitation » (*Catéchisme de l'Église catholique*, 2314).

Une image m'a marqué tandis que j'écrivais ce livre, une image qui résume bien cette tragédie. C'est une photo intitulée « La piété de Gaza » sur laquelle une femme dont on ne voit pas le visage serre dans ses bras le corps sans vie, emmailloté dans un drap blanc, de sa nièce de cinq ans qui vient d'être assassinée, avec d'autres membres de sa famille, dans un bombardement. La photo, prise à la morgue de l'hôpital, véhicule à la fois de la force et de la tristesse. Elle nous montre la douleur inimaginable de perdre quelqu'un à cause des ravages de la guerre.

À la moindre apparition d'un conflit armé, il est de notre devoir en tant qu'hommes et femmes de bonne volonté de réitérer que le principe d'humanité, gravé dans nos cœurs à tous, nous oblige à protéger les civils des conséquences de la guerre, sous toutes ses formes. Car c'est sur leurs visages, même assombris par la cruauté qui les entoure, que l'on retrouve une grande partie de l'espérance de l'humanité.

J'aimerais également adresser quelques mots de réconfort à toutes les mères et à tous les pères dont les enfants sont morts à cause de la guerre. Dans l'Antiquité, l'historien Hérodote montrait déjà le bouleversement générationnel que causaient les conflits armés, en écrivant que, en temps de guerre, ce n'étaient pas les fils qui ensevelissaient leurs pères, mais les pères qui ensevelissaient leurs fils (Hérodote, *Histoires*, I, 87). Les femmes enceintes ont beau être un des visages de l'espérance, la guerre les plonge dans la désespérance quand elle emporte leurs enfants.

Ceux qui ont suivi Jésus jusqu'au Calvaire étaient emplis d'espérance. Je pense à la figure de Marie, qui rappelle celle de tant de mères ayant perdu leurs enfants, des enfants parfois tombés sur le champ de bataille et qui, souvent, n'ont même pas de sépulture digne. Je me suis rendu dans un cimetière à la sortie de Rome où sont enterrés des centaines de jeunes, dont certains sous X. Là-bas, j'ai regardé « l'âge de ces morts. La majorité avait entre 20 et 30 ans. Des vies fauchées. Des vies qui n'auront pas d'avenir. J'ai pensé aux parents, aux mères qui ont reçu cette lettre : "Madame, nous avons l'honneur de vous annoncer que votre fils est mort en héros." "Oui, oui, en héros, mais on me l'a arraché…" » Tant de larmes et tant d'impuissance face à la folie de la guerre (Visite au cimetière Testaccio, Rome, 2 novembre 2023).

La guerre ne donne naissance qu'à une seule chose : la douleur de ceux qui y perdent un être cher.

Cette année, j'ai eu l'honneur de faire la connaissance de deux pères qui avaient perdu leurs enfants dans un des conflits qui agitent le monde aujourd'hui. Chacun appartenait à un camp opposé. L'histoire de ces deux hommes unis par leur immense douleur de pères m'a ému : après avoir reçu la pire nouvelle possible, ils ont fait l'effort de se rencontrer et ont semé les graines de leur chagrin dans la terre fertile de l'espérance afin de faire pousser les fruits du bien et de la réconciliation. La guerre leur a arraché leurs filles à tous les deux, mais aujourd'hui ils sont amis. Ils ont refusé de se laisser avaler par l'animosité de la guerre et ont préféré se concentrer sur leur amitié, celle de deux hommes qui s'estiment et qui ont connu la même crucifixion.

Encore et toujours, des hommes, des femmes et des enfants paient le prix fort de la guerre tandis qu'une poignée de personnes s'enrichissent grâce à son économie.

Le coût de la guerre

Il y a soixante ans, le pape saint Paul VI a lancé un appel au monde qui est toujours douloureusement d'actualité. « Que les nations cessent leur course à l'armement et consacrent, au contraire, leurs ressources et leur énergie à aider, fraternellement, les pays en voie de développement.

Que chaque nation, cultivant des idées de paix et non de chagrin et de guerre, mette à disposition une partie des sommes qu'elle destine à l'armement pour constituer un grand fonds mondial permettant de subvenir aux immenses besoins alimentaires, vestimentaires, résidentiels et médicaux qui affligent tant de peuples » (Paul VI, Discours à la presse durant son voyage en Inde, 4 décembre 1964).

Depuis le début de l'humanité, la guerre a toujours été une des entreprises les plus lucratives qui soient. Quel paradoxe pour une civilisation convaincue de vivre une époque de progrès sans précédent. Comment une nation peut-elle être fière de sa croissance économique si celle-ci se fait en armant nos frères pour qu'ils s'entretuent ?

D'un point de vue économique, la guerre est souvent plus attrayante que la paix parce qu'elle favorise les profits – mais toujours pour quelques personnes seulement et au détriment du bien-être de populations entières. Il y a déjà plus d'un demi-siècle que quelqu'un a dit : « Fais que la guerre ne soit pas rentable et tu la rendras impossible. » L'argent gagné grâce à la vente d'armes est souillé du sang des innocents (Discours au Conseil de sécurité des Nations unies, 14 juin 2023).

Le regretté saint Jean XXIII a été l'un des premiers à constater publiquement et avec une grande douleur que « dans les pays les plus développés économiquement, des armements redoutables ont été créés et sont encore créés, non sans d'énormes dépenses d'énergie humaine et de ressources matérielles. De cette politique résultent des charges très lourdes pour les citoyens de ces dits pays, tandis que d'autres nations manquent des aides nécessaires à leur développement économique et social » (Jean XXIII, Lettre encyclique *Pacem in Terris*, 109, 11 avril 1963).

Qu'il est triste d'entendre certains justifier cette course effrénée à l'armement par une prétendue nécessité de garantir la paix à travers toujours plus d'armes et de puissance de destruction. Nous voilà pris au piège, depuis plus d'un demi-siècle, de ce cercle vicieux où si un pays achète plus d'armes, les autres en font autant. Ce jeu de miroirs destructeur est encore plus intolérable quand il concerne l'escalade sans fin pour se procurer l'arme atomique et nucléaire.

Les pères conciliaires ont confirmé, il y a plus de cinquante ans, que « la course à l'armement, dans laquelle se lancent tant de nations, ne constitue pas une voie sûre pour le ferme maintien de la paix et que le prétendu équilibre qu'elle procure n'est ni une paix stable ni une paix véritable. Car bien loin d'éliminer les causes de la guerre, on risque de les aggraver progressivement » (Constitution pastorale *Gaudium et Spes*, 81, 7 décembre 1965).

Saint Jean-Paul II s'est ensuite demandé dans sa grande encyclique sociale « comment justifier le fait que d'immenses sommes d'argent, qui pourraient et devraient être destinées à accroître le développement des peuples, soient au contraire utilisées pour enrichir des individus ou des groupes, ou bien consacrées à l'augmentation des arsenaux, dans les pays développés comme dans ceux en voie de développement, inversant ainsi les véritables priorités » (Jean-Paul II, Lettre encyclique *Sollicitudo rei socialis*, 10, 30 décembre 1987).

Ce marché de la mort est encore plus pervers quand les pays développés cherchent à se débarrasser de leurs vieux arsenaux en forçant des nations plus pauvres à les leur racheter. Souvent, celles-ci doivent même contracter des crédits auprès de leurs vendeurs, tout ça pour acquérir des armes vétustes avec lesquelles elles ne pourront, de toute façon, pas faire face à une invasion de ces derniers quand ils décideront de s'accaparer leurs richesses. Elles devront ensuite rembourser ces prêts à des intérêts abusifs, comme s'ils avaient servi à construire des écoles, des hôpitaux ou des infrastructures publiques. Il arrive également qu'un fabricant vende ses armes au pays dans lequel sont implantées ses usines – afin de le soumettre géopolitiquement et de s'assurer sa soumission financière. Ce ne sont pas seulement les armes qui tuent, mais le système dans son ensemble.

Nous sommes donc face à un phénomène étrange : tandis que les aides financières et les plans de développement se heurtent à des barrières idéologiques insurmontables ou à des taxes douanières et commerciales, les armes, elles, circulent librement presque partout dans le monde. Dans certains pays, on peut même en acheter dans des centres commerciaux.

Sans oublier que la prolifération des conflits armés est parfois le fruit d'une volonté terrible : celle de créer des camps d'essais pour de nouvelles armes fabriquées grâce à des investissements de plusieurs millions – argent qu'on aurait pu utiliser pour promouvoir un véritable développement humain intégral. Des villes et des villages entiers servent de « vitrines » à ces fabricants de mort.

Ces derniers ont pourtant été dénoncés, il y a plus d'un demi-siècle, par un de nos récents prix Nobel de littérature, l'auteur-compositeur Bob Dylan, dans sa chanson *Masters of War*, les Maîtres de la guerre, dans laquelle il parle de ceux qui fabriquent des armes, des avions de la mort et des bombes, et qui ensuite se cachent « derrière leurs bureaux ». Un texte important que je vous invite à écouter attentivement.

C'est pour cela que « pour dire non à la guerre, il est nécessaire de dire non aux armes. Combien de massacres armés ont lieu dans un silence assourdissant, à l'insu de tous ! » (Message Urbi et Orbi, 25 décembre 2023).

Je le répète : « Les gens, qui ne veulent pas des armes mais du pain, qui peinent à aller de l'avant et exigent la paix, ignorent combien d'argent public est alloué à l'armement. Et pourtant, ils devraient le savoir ! Parlons-en, écrivons sur le sujet, pour que l'on ait conscience des intérêts et des gains qui tirent les ficelles de la guerre » (*ibid.*). Pour cela, nous devons mettre en évidence les chiffres scandaleux du commerce d'armes.

En 2023, les dépenses en matière d'armements ont connu une hausse pour la neuvième année consécutive, atteignant le niveau sans précédent de 2 milliards et 443 millions de dollars, soit 2,3 % du PIB mondial (SIPRI, *Yearbook 2024*, 22 avril 2024). C'est une augmentation de 6,8 % par rapport à 2022 et la hausse la plus significative de ces quinze dernières années.

Pour vous donner une idée, ce chiffre est mille fois supérieur au budget total de la Croix-Rouge internationale, laquelle emploie pourtant 20 000 personnes à travers le monde.

Selon certains experts, freiner les dépenses d'armes pendant un an nous permettrait d'éradiquer la faim dans le monde et de scolariser tous les enfants qui ne le sont pas. Face à un tel scandale, et pour continuer le combat de Paul VI, j'ai déclaré qu'une « décision courageuse serait de constituer avec l'argent alloué à l'armement et aux autres dépenses militaires un Fonds mondial pour éradiquer définitivement la faim et aider au développement des pays les plus pauvres » (Message vidéo pour la Journée mondiale de l'alimentation, 16 octobre 2020). J'ai lancé cet appel au pire moment de la pandémie. Hélas, l'augmentation des dépenses mondiales en armements depuis m'a permis de voir clairement quelles étaient les principales préoccupations de ceux qui nous dirigent. Je réitère donc mon appel. Plutôt que de fabriquer des instruments de mort, instaurons des mécanismes qui aideront à endiguer les guerres et ainsi l'émigration de tant de nos frères et de leurs familles, forcés d'abandonner leur maison et leur pays pour partir chercher une vie plus digne (Lettre encyclique *Fratelli tutti* sur l'amitié et la fraternité sociale, 189, 262, 3 octobre 2020).

Dans un monde où nombreux sont ceux qui continuent à mourir de faim, les dépenses liées à l'armement sont un vrai scandale qui met en danger la vie de populations pauvres et la paix internationale.

Je tiens à citer sainte Mère Teresa de Calcutta quand elle a reçu le prix Nobel de la paix en 1979 afin que ses mots servent d'inspiration à tous les preneurs de décisions et aident à freiner cette course à l'autodestruction : « Dans notre famille, nous n'avons pas besoin de bombes ni d'armes, de détruire pour apporter paix, mais uniquement d'être ensemble, de nous aimer les uns les autres, d'apporter cette paix, cette joie, cette vigueur de chaque membre de notre foyer. Nous pourrons alors vaincre tout le mal qu'il y a dans le monde » (Discours d'acceptation du prix Nobel, Oslo, 10 décembre 1979).

Du désarmement intégral à la paix intégrale

« Heureux ceux qui procurent la paix, car ils seront appelés fils de Dieu… » (*Matthieu* 5, 9). C'est ainsi que Jésus nomme les pacifiques. Comment peut-on, dès lors, soutenir l'idée de la guerre depuis une perspective chrétienne ? À l'exception de ces quelques fabricants d'armes, la guerre est toujours une défaite pour tout le monde.

Dans les Évangiles, Ésaïe prophétise la paix et rêve d'un jour où « une nation ne tirera plus l'épée contre une autre », d'un jour où l'on « n'apprendra plus la guerre » mais où les hommes « de leurs glaives forgeront des hoyaux et de leurs lances des serpes » (*Ésaïe* 2, 4).

L'esprit jubilaire de l'Année sainte qui approche peut nous éclairer et faire de nous des pèlerins de l'espérance qui se retrousseront les manches pour que ce jour évoqué par le prophète arrive enfin, pour le bien de toute l'humanité.

La paix, comme objet de notre espérance, est un bien précieux auquel aspire toute l'humanité, un horizon si prospère qu'il vaut la peine qu'on fasse l'effort d'avancer vers lui. Espérer la paix est un comportement humain qui renferme une tension existentielle. Ainsi, l'espérance est la vertu qui nous fait marcher, nous donne des ailes pour avancer même quand les obstacles nous semblent insurmontables comme c'est souvent le cas au quotidien (Message pour la LIIIe Journée de la paix, 2020).

Benoît XVI nous a rappelé avec raison que « la paix n'est pas un rêve, ce n'est pas une utopie : elle est possible ». (Message pour la XLVIe Journée de la paix, 2013).

Nous avons l'espoir de pouvoir inverser le climat d'hostilité qui envahit le monde. Il faut modifier la façon dont les pays interagissent entre eux afin d'écarter les impérialismes, la peur de l'autre et l'appât du gain des fabricants d'armes et, ainsi, de laisser la place à la confiance.

Je comprends que pour certains ces mots semblent utopiques, surtout quand nous écoutons les nouvelles qui nous parviennent des quatre coins de la planète. Mais pour éviter l'autodestruction de l'humanité, nous devons freiner cette course à l'armement qui détourne les ressources qui permettraient de lutter contre la faim et la pauvreté.

Il y a plus d'un demi-siècle, un dirigeant a proclamé à juste titre que « l'humanité devra mettre un terme à la guerre ou la guerre mettra un terme à l'humanité[8]. » De nombreuses guerres se sont succédé depuis : nous ne pouvons pas prendre le risque que la prochaine signe notre fin à tous.

Il est l'heure de prendre véritablement conscience que « la guerre peut se terminer sans vainqueurs ni vaincus, dans un suicide de l'humanité, il faut donc répudier la logique qui y conduit, c'est-à-dire l'idée que la lutte pour la destruction de l'adversaire, la contradiction et la guerre elle-même soient des facteurs de progrès et de marche en avant de l'histoire. » (Conseil pontifical « Justice et Paix », Compendium de la doctrine sociale de l'Église, 438, 2004).

Il y a plus d'un demi-siècle, Saint Jean XXII nous a rappelé que « la vraie paix internationale et permanente ne résulte pas de l'équilibre des armements et ne peut s'édifier que dans la confiance mutuelle » (Jean XXIII, Lettre encyclique *Pacem in Terris*, 113, 11 avril 1963).

Que ce soit dans un couple, entre collègues et a fortiori entre deux pays : aucune relation saine ne peut se construire sur la peur. Nous devons dépasser cette logique de liens fondés sur la terreur de l'autre et la violence. Comment croire à un prétendu équilibre qui s'effondrerait à la minute où l'une des deux parties achète plus d'armes ? Nous devons aspirer à une stabilité concrète, fondée sur la confiance

---

8. John F. Kennedy, discours prononcé à l'ONU en septembre 1961.

mutuelle. Nous devons rêver ensemble. Passer d'une logique de confrontation à une culture de la rencontre, passer de la rivalité à la fraternité.

L'objectif que nous voulons atteindre a un nom : celui du « désarmement intégral ». Le désarmement de nos arsenaux mais également, et avant tout, de nos cœurs et de nos émotions. Cet objectif, une fois atteint, nous permettra de ne plus gaspiller nos énergies spirituelles et nos ressources économiques en les allouant, comme nous le faisons aujourd'hui, à des logiques belliqueuses au lieu de les employer pour promouvoir la vie, l'environnement et le développement humain intégral à l'échelle planétaire.

Grâce à cette approche, nous pourrons résoudre les conflits internationaux à la racine. De nombreuses confrontations armées commencent par une perte de confiance réciproque. Le lien fondamental entre deux pays doit se construire avec de la patience et des actions concrètes. Nous devons nous demander si la course à l'armement contribue à combler ce manque de confiance qui provoque des conflits ou si, au contraire, elle l'aggrave. Et, une fois que nous aurons réussi à la rétablir, comment faire pour qu'elle soit tenable et durable dans le temps ?

Pour bâtir cette confiance que le monde nous réclame, surtout à une époque de guerres comme celle que nous vivons, notre meilleure option est de parier sur un multilatéralisme plus important et de meilleure qualité.

L'Organisation des Nations unies, emblème majeur du multilatéralisme de ces cent dernières années, est née d'une Charte visant à concrétiser le rejet des horreurs que l'humanité avait connues durant les deux grandes guerres du XXe siècle. Bien que la menace de ces horreurs soit toujours d'actualité, nous ne vivons plus dans le même monde. Il est donc nécessaire de repenser ces institutions pour qu'elles répondent à notre nouvelle réalité et soient le fruit du consensus le plus étendu possible.

Nous devons écouter ceux qui, il y a plus d'un demi-siècle, discernaient déjà la nécessité que « l'Organisation des Nations unies puisse de plus en plus adapter ses structures et ses moyens d'action à l'étendue et la noblesse de sa mission » (Jean XXIII, Lettre encyclique *Pacem et Terris*, 145, 11 avril 1963).

Au sein des organismes multilatéraux qui existent déjà, nous devons envisager les relations internationales avec pour horizon l'espérance et la confiance. Partant de ce fondement, nous pourrons ensuite chercher et trouver des façons efficaces de mettre en place les réformes nécessaires dont j'ai parlé, et celles qui sont déjà lancées, comme la refonte et l'extension du Conseil de sécurité, la question de son veto, le rôle plus féroce de l'Assemblée générale et la participation de la société civile, du monde de la culture et du secteur privé. (Lettre encyclique *Fratelli tutti* sur l'amitié et la fraternité sociale, 173, 175, 3 octobre 2020).

Il faut réaffirmer que « l'heure est venue de dire sérieusement que les guerres ne sont pas justes, seule la paix l'est, une paix stable et durable, qui ne se fonde pas sur l'équilibre précaire de la dissuasion, mais sur la fraternité qui nous unit. » (Message au Conseil de sécurité des Nations unies, 14 juin 2023).

C'est seulement en dialoguant que nous arriverons à négocier avec les puissances qui ont, d'une certaine façon, colonisé les principales institutions internationales, et à leur faire prendre conscience que, face à l'abîme de la guerre, notre unique issue de secours est globale. Plus que jamais, à une époque où les conflits menacent d'une façon inédite notre propre existence et celle de notre maison commune, nous devons comprendre que personne ne se sauvera seul.

Nous avons la profonde conviction que les différends qui surgissent parfois entre les peuples ne doivent pas se résoudre avec des armes mais grâce à des négociations et des accords. En plus de dialoguer, nous devons appeler à la fraternité entre les peuples, car elle est « le fondement et la route pour la paix » (Message pour la XLVIIe Journée mondiale de la paix, 1er janvier 2014).

Pensons au dialogue interreligieux, preuve concrète que la fraternité entre les peuples et les nations est possible.

Durant mon voyage en Mongolie l'année dernière, j'ai souligné que « les traditions religieuses, dans leur originalité et leur diversité, représentent un formidable potentiel de bien au service de la société. Si les dirigeants des nations choisissaient la voie de la rencontre et du dialogue avec les autres, ils contribueraient assurément et de façon décisive à mettre fin aux conflits qui continuent à faire souffrir tant de peuples » (Rencontre œcuménique et interreligieuse au théâtre Hun, 3 septembre 2023).

À une époque de foi quasi absolue dans le progrès technologique et le dieu marché, les religions offrent une harmonie transcendantale qui nous rappelle, au quotidien, que nous vivons sous les mêmes cieux et que nous sommes tous frères. Face à une humanité qui se trouve « désorientée par des myopes en quête de profit et de bien-être et qui, souvent, est incapable de retrouver le fil conducteur » (*ibid.*), les religions sont porteuses d'une sagesse millénaire, au service de la fraternité et du respect de la vie humaine.

Le premier apport essentiel des religions au monde d'aujourd'hui c'est « d'être capables de montrer la fécondité du dialogue constructif pour trouver, entre autres, les meilleures solutions aux problèmes qui nous affectent tous » (Message au Forum interreligieux du G20, 26 septembre 2018).

En plus de dialoguer avec d'autres religions, nous devons continuer à nourrir le lien qui unit nos frères chrétiens et parier sur un œcuménisme de paix fondé sur des projets qui nous fédèrent. À ce sujet, nous commémorerons durant le prochain Jubilé un anniversaire très symbolique pour tous les chrétiens : les 1 700 ans de la célébration du premier grand concile œcuménique de Nicée, un événement que nous devons envisager comme une nouvelle impulsion, qui nous aidera à ne pas baisser les bras sur le chemin de l'unité concrète.

La fraternité est une construction artisanale qui demande de la passion et de la patience, de l'expérience et de la détermination, de la ténacité et du dévouement, du dialogue et de la diplomatie. Si nous parions sur elle, elle peut devenir le chemin de l'espérance que nous cherchions pour rejoindre la route définitive de la paix.

Vers une véritable paix intégrale

Le désarmement intégral est notre point de départ. La fraternité, notre chemin. La paix intégrale, notre aspiration. Le développement, comme l'a courageusement déclaré le pape Paul VI « est le nouveau nom de la paix » (Paul VI, Lettre encyclique *Populorum Progressio*, 76, 26 mars 1967).

De trop grandes différences économiques, sociales et culturelles entre les peuples provoquent des tensions et des discordes et mettent la paix en danger (*ibid.*). Si nous voulons une paix vraiment durable, intégrale, et qui ne se résume pas à une simple absence de conflits armés, la meilleure façon de l'atteindre est de combattre la misère et de lutter contre l'injustice. La paix, comme l'espérance, est une fleur fragile que nous devons protéger au quotidien. Servir l'espérance signifie construire des ponts entre les civilisations (Audience générale du 3 avril 2019).

La paix ne naîtra que de la fraternité et du développement intégral. Il est difficile d'imaginer un scénario de paix mondiale sans justice sociale et internationale, dans un contexte où l'hostilité prime sur la fraternité et où l'on court plus après la réussite personnelle que les rêves communs.

L'espérance est un des chemins qui mènent la paix. Aujourd'hui comme hier, sa fonction consiste également à « toujours maintenir le dialogue ouvert et introduire une intention fraternelle dans les débats les plus rugueux » (Paul Ricœur, *Histoire et vérité,* Le Seuil, 1955).

À l'aube de l'Année sainte, nous ne pouvons pas nier la relation intrinsèque qui existe entre la paix et l'espérance, comme je l'ai rappelé lors du Jubilé extraordinaire de la miséricorde : « Là où naît Dieu, naît l'espérance : Lui apporte l'espérance. Là où naît Dieu, naît la paix. Et là où naît la paix, il n'y a plus de place pour la haine, ni pour la guerre » (Message Urbi et Orbi, 25 décembre 2015).

Cependant, dans notre monde actuel, soutenir les politiques communes et le multilatéralisme semble être une chose obsolète : nous avons la sensation d'assister au triste crépuscule d'un rêve de paix commun à tous, pendant que les solistes de la guerre gagnent toujours plus de terrain. (Conférence de presse au retour de Hongrie, 30 avril 2023).

La paix intégrale à laquelle nous aspirons se construira entre nous tous. La paix que nous méritons également : « Paix à qui a été blessé ou a perdu un être cher à cause d'actes atroces de terrorisme qui ont semé la peur et la mort au cœur de tant de pays et de villes. Paix – non en paroles mais par des actes et des faits concrets – à nos frères et sœurs abandonnés et exclus, à ceux qui souffrent de la faim et à ceux qui sont victimes de violence. Paix aux déplacés, aux émigrants et aux réfugiés, à ceux qui sont victimes du trafic d'êtres humains. Paix aux peuples qui souffrent des ambitions économiques d'un petit nombre et de l'âpre avidité du dieu argent qui rend esclave. Paix à ceux qui sont touchés par les difficultés sociales et économiques et à ceux qui souffrent des conséquences des tremblements de terre et d'autres catastrophes naturelles » (Message Urbi et Orbi, 25 décembre 2016).

Il y a trente ans, le prix Nobel de la paix a été attribué collectivement à trois hommes courageux pour leur tentative d'instaurer une paix, toujours aussi nécessaire, au Moyen-Orient. J'aimerais citer certaines des paroles que ces lauréats ont prononcées à cette occasion car elles peuvent nous servir de guide dans cette mission qui est la nôtre, en tant qu'humanité.

À Oslo, Shimon Peres a rappelé au monde que « nous avons prouvé que les agresseurs ne sortaient pas nécessairement vainqueurs de la guerre mais nous avons appris que les vainqueurs n'obtenaient pas nécessairement la paix ». Yitzhak Rabin a affirmé en acceptant son prix qu'il n'existait « qu'un moyen radical de sanctifier les vies humaines. Ni blindés, ni tanks, ni avions, ni fortifications en béton. La seule solution radicale c'est la paix ». Yasser Arafat, quant à lui, a soutenu que « le processus de paix n'est pas seulement un processus politique mais une opération globale dans laquelle la conscience nationale, le développement économique, scientifique et technologique jouent un rôle essentiel, tout comme la collaboration culturelle, sociale et créative, car ils sont l'essence même du processus de paix et le meilleur moyen de le solidifier » (Discours d'acceptation du prix Nobel, Oslo, 10 décembre 1994).

Un homme visionnaire a affirmé un jour que la meilleure façon de prédire l'avenir était de le créer. Si de nos esprits naît l'idée funeste de la guerre, comme celle du désespoir, nos cœurs, eux, donnent vie aux chemins qui nous mèneront vers la paix définitive et ouvrent la voie à l'espérance.

V

Le visage d'un grand-parent avec son petit-enfant

Les paroles des grands-parents ont toujours une résonance particulière chez les jeunes. Ces derniers le savent. Nous, les anciens, le savons aussi. Je repense tous les jours à cette lettre que m'a écrite ma grand-mère Rosa, le jour de mon ordination sacerdotale. Glissée dans mon bréviaire, elle m'accompagne partout et constitue pour moi une grande source de réconfort : « Je vous souhaite, à vous mes petits-enfants à qui j'ai donné le meilleur de mon cœur, une vie longue et heureuse, mais si un jour cruel, la maladie ou la perte d'un être cher vous emplit de tristesse, souvenez-vous qu'un soupir dans le Tabernacle où se trouve le plus grand et auguste des martyrs, et un regard à Marie au pied de la croix, peuvent déposer une goutte de pommade sur les blessures les plus profondes et les plus douloureuses. »

C'est elle qui m'a appris à prier. Je l'aimais beaucoup, je passais des journées entières chez elle. Nos conversations étaient un terreau de l'espérance. Et ce lien entre un jeune et sa grand-mère est un visage supplémentaire de cette si belle vertu.

Que nous soyons jeunes, adultes ou vieux, nous avons tous croisé dans notre vie « une grand-mère » qui nous a donné des conseils. Réfléchissez. Combien de fois avez-vous écouté les mots sages et courageux de quelqu'un et été surpris de constater à quel point ils vous touchaient au plus profond ? Pourtant, la sagesse de Dieu est là, « camouflée » dans la tendresse d'une grand-mère. Elles savent prononcer les mots justes, les mots d'espérance, parce qu'elles ont l'expérience de la vie. Elles ont beaucoup souffert, elles sont tombées et se sont relevées mille fois.

C'est un lien d'amour et de tendresse. Les jeunes sont les prophètes de l'avenir mais ils ne doivent pas oublier leurs racines. L'histoire de leurs origines vit dans leurs aînés, ces rêveurs infatigables qui leur transmettent leurs expériences sans pour autant leur mettre de bâtons dans les roues, afin qu'ils tracent leur propre chemin.

Le monde a plus que jamais besoin de ce type de lien, de cette alliance comme j'aime l'appeler. Prendre le temps de s'écouter, de se réconforter, de se parler est enrichissant pour tout le monde. Chaque minute de chaque conversation entre un jeune et un ancien ne sera jamais un temps perdu.

« Après cela, je répandrai mon esprit sur toute chair, Vos fils et vos filles prophétiseront, Vos vieillards auront des songes, Et vos jeunes gens des visions » (*Joël* 2, 28). Le prophète nous rappelle dans ce passage que les songes des uns et les visions d'avenir des autres vont de pair. Cette alliance, quand elle se fonde sur l'écoute affectueuse et la tendresse, est toujours un échange bénéfique pour les deux. J'irai même jusqu'à dire qu'elle combat cette culture du déchet qui isole toujours plus et enferme les jeunes dans un monde virtuel et les vieux dans des résidences spécialisées.

Le monde a besoin d'une alliance comme celle-ci. L'avenir de la planète et de la civilisation dépend en bonne partie de notre capacité à nous retrouver, sans attente et avec affection. Qui, sinon les jeunes, s'emparera des rêves des anciens pour les porter vers le futur ? Nous, leurs aînés, devons donc continuer à rêver car « dans nos rêves de justice, de paix et de solidarité réside la possibilité que nos jeunes aient de nouvelles visions, et qu'ensemble nous puissions construire l'avenir » (Message pour la Ière Journée mondiale des grands-parents et des personnes âgées, 25 juillet 2021).

Les grands-parents rêvent quand leurs petits-enfants vont de l'avant, et les petits-enfants ont du courage quand ils puisent leurs racines dans celles de leurs aînés.

À chaque fois qu'un jeune écoute une personne âgée, il ne se transmet pas seulement une anecdote ou une histoire, mais l'espérance d'un monde meilleur. Saint Paul VI a affirmé l'importance « qu'en chaque moment de son histoire, la génération qui se lève exauce, en quelque sorte, l'espérance des générations précédentes, l'espérance même de l'Église, qui est de transmettre sans fin le don de Dieu, Vérité et Vie » (Paul VI, Exhortation apostolique *Gaudete in Domino*, VI, 9 mai 1975).

Nous qui avons précédé aux jeunes d'aujourd'hui avons connu des moments très heureux et d'autres plus difficiles. Grâce à toutes ces expériences, nous avons formé une mémoire individuelle qui nous sert dans notre quotidien pour affronter telle ou telle situation, mais nous avons également créé une mémoire collective qui perdure et peut aider toute la famille humaine. Cette mémoire est le pilier qui nous permettra de construire un monde plus fraternel et plus accueillant. C'est vrai, il suffit d'ouvrir un livre pour s'informer sur les événements. Mais n'oublions pas que nous avons aussi près de nous des personnes qui les ont vécus. Des personnes qui ont pleuré, aimé, se sont réjouies et ont rêvé tandis qu'avait lieu ce que nous considérons aujourd'hui comme l'Histoire. Et la seule chose dont nous avons besoin pour recevoir ce qu'elles ont à nous raconter, c'est d'une oreille attentive et d'un cœur ouvert.

Le monde dans lequel nous vivons s'est construit sur les rêves que nos grands-parents ont pu réaliser mais aussi sur ceux qui ont été interrompus ou qu'ils n'ont pas eus. Parce qu'à travers leurs rêves, nos aînés nous emmènent vers des horizons que nous ne pouvons pas imaginer. Ils portent en eux la richesse de ce qu'ils ont vécu et nous l'offrent comme expérience de vie.

Si nous ajoutons à ces rêves-expériences les visions-prophéties des jeunes, le monde ira de l'avant. Il ne s'agit pas de partir de zéro comme si chaque génération était la première à habiter la planète. Les jeunes d'aujourd'hui ne sont pas non plus les premiers à s'aventurer sur un chemin et à faire fausse route, puis à dévier sur un autre et à se tromper encore. C'est pour cette raison qu'il est important de réunir ces deux générations : l'ancien qui donne ses rêves et le jeune qui les reçoit et les porte, tourné vers l'avenir, tout en traçant son propre chemin.

Si notre patrie, notre société ou notre famille existent, si nous sommes là, c'est que d'autres ont rêvé avant nous. Et d'autres encore avant eux. Les anciens doivent croire encore plus fort dans les meilleurs de leurs rêves, et les jeunes doivent s'en servir comme d'un élan pour entrer avec courage dans l'Histoire. C'est l'audace de l'espérance. C'est une vision partagée que nous pouvons répandre en multipliant les espaces de dialogues et de rencontre.

Ce dialogue entre générations, c'est une ancre dans le présent qui nous permet de regarder le passé et d'apprendre de lui tout en envisageant un avenir dans lequel fleurissent les rêves, les prophéties et les espérances. Les grands-parents rêveurs alliés aux jeunes prophètes. Le voilà le visage de l'espérance de demain.

De nombreux jeunes semblent se perdre dans le labyrinthe d'anxiété, de doutes, de méfiance et de peur dans lequel le monde d'aujourd'hui les enferme. Mais en allant à la rencontre de leurs aînés, je peux leur garantir qu'ils trouveront le réconfort nécessaire pour lever la tête et réussir à sortir de ce piège… Telle Ariane dans la légende du Minotaure, les grands-parents sont souvent ceux qui, grâce à leur expérience, tiennent dans leur main le fil qui permettra de trouver une issue à nos problèmes.

Si les anciens continuent à rêver, les jeunes peuvent continuer à inventer. Il est donc important que ces derniers regardent vers l'avenir mais aussi en direction du passé. S'ils ne regardent que droit devant eux, ils n'auront aucune fondation. Ils doivent établir un dialogue avec leurs racines car, comme l'arbre, c'est en elles qu'ils puiseront la force de faire pousser leurs fruits. Une force que seuls nos aînés peuvent nous donner.

Dans l'exhortation apostolique *Christus vivit*, publiée après le synode qui a réuni des évêques et des jeunes du monde entier, j'ai rappelé que « les anciens ont des rêves faits de souvenirs, de tant de choses vécues, avec l'empreinte de l'expérience et des années. Si les jeunes s'enracinent dans les rêves des anciens, ils arrivent à voir l'avenir, ils peuvent avoir des visions qui leur ouvrent l'horizon et leur montrent de nouveaux chemins. Mais si les vieux ne rêvent pas, les jeunes ne pourront plus voir clairement l'horizon » (Exhortation apostolique *Christus vivit*, 193, 25 mars 2019).

À un moment durant leur jeunesse, nos grands-parents ont rêvé d'avenir et ce rêve a donné lieu à nos parents. Puis ces derniers ont rêvé de nous et d'un futur plein d'amour et d'espérance. Nous sommes tous le rêve réalisé de quelqu'un qui nous a précédés. Continuons, anciens et jeunes, à rêver ensemble afin de préserver cet héritage d'humanité que nous pourrons ensuite transmettre. Ceux qui nous ont précédés nous donnent cette espérance et ceux qui nous suivront nous en remercieront.

Ne grimaçons pas quand notre grand-père se lance dans une anecdote que nous avons déjà entendue. Une partie de la beauté de ces conversations entre jeunes et anciens se trouve dans ces interminables histoires dont nous avons parfois un peu de mal à croire tous les détails, mais qui renferment toujours un bijou étincelant, une clé d'expérience, un souvenir précieux, un élément auquel nous pourrons nous identifier.

Oui, je sais, ce sont des histoires bien plus longues que celles qui tiennent en une centaine de caractères auxquelles nous ont habitués les réseaux sociaux, bien plus longues que ces *reels* qui nous divertissent aujourd'hui. Mais offrons notre patience à nos aînés et laissons-les nous offrir leur sagesse et leur expérience. Nous ne pouvons pas accepter que des formats toujours plus étriqués des moyens de communication réduisent la mémoire vive de ceux qui nous ont précédés. De plus, ces conversations ont un autre avantage fondamental pour les jeunes : elles sont une excellente occasion de laisser de côté, au moins un instant, leur téléphone portable. Le grand-parent ne le dira jamais, mais il est toujours un peu vexé quand son petit-fils actualise son fil en l'écoutant.

Pour construire cette nouvelle alliance, nous devons mettre en place un dialogue intergénérationnel autour, selon moi, de deux sujets essentiels.

Le premier, c'est de prendre soin de notre maison commune. La planète sur laquelle nous vivons est vraiment « un prêt que chaque génération reçoit et doit transmettre à la génération suivante » (Lettre encyclique *Fratelli tutti* sur l'amitié et la fraternité sociale, 178, 3 octobre 2020). Ceux qui nous ont précédés nous la confient pour que nous la préservions puis la transmettions aux générations suivantes.

Les jeunes qui aujourd'hui se mobilisent partout dans le monde et nous montrent le chemin s'assoiront à leur tour demain pour transmettre cet amour de la Terre à la génération suivante. Nous, et je parle de ceux qui ont désormais bien plus qu'un ou deux cheveux blancs, avons échoué dans la préservation de la Création et sommes reconnaissants des initiatives des nouvelles générations qui refusent de répéter nos erreurs et s'efforcent de laisser notre maison commune dans un meilleur état que celui dans lequel ils l'ont reçue.

J'ai suivi avec attention les mobilisations massives d'étudiants dans de nombreuses villes et j'ai conscience de plusieurs de leurs actions pour créer un monde plus juste et plus attentif à la sauvegarde de l'environnement. Ils le font avec détermination et enthousiasme mais surtout en ayant conscience de leur responsabilité : un changement de direction urgent est nécessaire face aux difficultés issues de la crise éthique et socio-environnementale actuelle. Notre temps est sur le point de s'écouler, il ne nous en reste que peu pour sauver la planète et ces jeunes sortent, agissent et donnent de leur personne. Et ils ne le font pas uniquement pour eux, mais pour nous et pour tous ceux qui nous succéderont.

Le dialogue intergénérationnel peut donner lieu à une alliance qui sauvera notre maison commune de tout un tas de façons. Je pense à plusieurs projets qui ont pour mission de transmettre les savoirs et les valeurs d'une production alimentaire locale, comme celle de nos grands-parents, mais avec des moyens actuels. Cela nous permettrait de mieux défendre et promouvoir la biodiversité alimentaire, de retourner à la terre et de la cultiver, sans l'exploiter, via des techniques et des méthodes entièrement écologiques.

Dans un monde toujours plus rapide où « consommer et jeter » semblent être les mots d'ordre, ce genre d'initiatives aident les gens à ne pas perdre leur connexion à l'alimentation et aux traditions locales associées. Il ne s'agit pas de régresser mais de retrouver le lien entre nutrition et relations humaines. En Italie, Carlo Petrini et son mouvement pour la « slow food » ont permis de grandes avancées dans ce sens.

Au-delà des bénéfices écologiques que le monde peut tirer de cette nouvelle alliance, des échanges plus soutenus entre jeunes et aînés réduiraient, à n'en pas douter, nos chances de reproduire les tragédies militaires et humanitaires qui ont marqué le siècle dernier.

Celui qui ne connaît pas son histoire est condamné à la répéter. Et qui de mieux que nos aînés pour nous raconter, de leur vivant, les réussites que nous aimerions réitérer aujourd'hui ? Pensons à l'Europe qui, depuis presque trois ans, est devenu l'épicentre d'une Troisième Guerre mondiale fragmentée. Un continent qui, au siècle précédent, a connu trente ans de guerres fratricides puis la séparation douloureuse de peuples frères lors de la chute du mur de Berlin. Ce n'est pas une coïncidence si ces nouveaux vents belliqueux soufflent sur le « Vieux Monde » au moment même où nous perdons nos derniers témoins directs de la barbarie du totalitarisme voire, pire encore, où nous les marginalisons comme des pièces de musées, comme si leurs témoignages courageux – que beaucoup portent tatoués à même leur peau – n'étaient plus pertinents dans des débats politiques qui ressemblent de façon préoccupante à ceux qui avaient déjà lieu il y a un peu plus de cent ans.

Je rappelle une fois de plus que « nous avons besoin de garder vivante la flamme de la conscience collective, en témoignant aux générations suivantes l'horreur de ce qui est arrivé, et, de cette façon, réveiller et préserver la mémoire des victimes, afin que la conscience humaine devienne plus forte face à toute volonté de domination et destruction » (Lettre encyclique *Fratelli tutti* sur l'amitié et la fraternité sociale, 249, 3 octobre 2020).

Nombre d'entre nous ont connu les années qui ont suivi les grandes guerres et nous portons dans nos cœurs la feuille de route à transmettre aux jeunes d'aujourd'hui. Nous avons besoin de fraternité et d'amitié sociale pour retisser les liens rompus au sein de nos sociétés. Le souvenir d'une guerre est toujours très douloureux et victimise souvent de nouveau ceux qui l'ont vécue en personne. Mais il y a un soulagement à transmettre son expérience aux nouvelles générations afin de leur apprendre la valeur de la paix. Aux jeunes du monde entier, nous disons : notre devoir est de nous souvenir de ce qu'il s'est passé, notre engagement est de le transmettre, notre rêve, votre bonheur.

En ce qui me concerne, c'est mon grand-père qui m'a parlé le premier de la guerre. Il avait combattu durant la Première Guerre mondiale, près du Piave, et son histoire a été une grande leçon. J'ai appris que les conflits armés entraînaient des conséquences graves sur la vie des personnes, mais ce n'est pas tout. J'ai également appris quelques chansons et la créativité nécessaire pour imaginer des recettes en période de rationnement. Cette expérience qu'il m'a transmise m'a servi plus tard à éprouver de l'empathie pour les immigrants qui arrivaient à Buenos Aires durant la Seconde Guerre mondiale, pour l'exode de ces milliers de personnes qui cherchaient à fuir les combats et à se construire une nouvelle vie dans une partie du monde qui n'était pour ainsi dire pas impliquée (*Vivre. Mon histoire à travers la grande Histoire*, Harper Collins, 2024).

Les jeunes doivent avoir conscience des conséquences des guerres du siècle passé pour ne pas répéter ces erreurs. Ils doivent savoir comment sont nés les conflits qui les ont précédés, ceux qui ont secoué l'humanité et qui risquent de ressurgir aujourd'hui.

Je pense à ce qu'a vécu le Japon, un pays frappé par deux bombes atomiques. Je m'y suis rendu en 2019 et, en visitant le Mémorial de la paix à Hiroshima, je me suis dit que nous ne pouvions pas nous permettre que les nouvelles générations oublient ce qui s'était passé. Nous avons besoin de cette mémoire vive qui se transmet de génération en génération pour construire tous ensemble un « Jamais Plus » définitif. Je pense également à mon pays où les « Grands-Mères et les Mères de la place de Mai » continuent, malgré leur âge et tout ce contre quoi elles ont dû lutter dans leur vie, à défiler et à se réunir pour que les horreurs et erreurs du passé ne se reproduisent pas.

Quant à nous, les personnes âgées, nous pouvons également transmettre les réussites et les moments positifs que nous avons vécus. Ouvrons nos esprits et nos cœurs au souvenir de l'horreur mais également à celui du bien. C'est une démarche saine (Lettre encyclique *Fratelli tutti* sur l'amitié et la fraternité sociale, 249, 3 octobre 2020). Nos aînés sont les détenteurs de nombreuses histoires de dignité qui n'attendent qu'à être racontées. Des récits de petits ou grands exploits, des récits de solidarité, de pardon et de fraternité. Et cette mémoire est une ancre à laquelle les jeunes peuvent accrocher leur espérance.

« Souvenez-vous de vos conducteurs qui vous ont annoncé la parole de Dieu, considérez quelle a été la fin de leurs vies et suivez l'exemple de leur foi » (*Hébreux* 13, 7). La sagesse de nos grands-parents est notre véritable héritage.

Un peuple qui ne la transmettrait pas ou ne la respecterait pas serait sans avenir, parce qu'il aurait perdu la mémoire, celle qui nous maintient en vie en cultivant nos racines. Toute espérance doit s'ancrer dans une mémoire.

Nous, les anciens, avons beau marcher plus lentement qu'avant, nous avons toujours, d'une certaine façon, un pas d'avance : nous avons déjà traversé ce que vous les jeunes traversez aujourd'hui. Et, sans vouloir donner de leçons, nous pouvons vous apporter des conseils sur ce que vous vivez vous pour la première fois. Si nous combinons l'honneur de nos cheveux blancs et la force de votre jeunesse (*Proverbes* 20, 29), nous aurons à nous tous l'élan nécessaire pour affronter l'avenir de la meilleure façon possible.

Dans le livre de l'Exode, Dieu demande à Moïse d'accomplir les signes et les prodiges devant le Pharaon : « Pour que tu puisses raconter et sculpter la mémoire » (*Exode* 10, 2). Le dialogue entre anciens et jeunes enrichit toujours la mémoire d'un peuple. À travers les aînés, nous nous reconnectons à nos racines. Et avoir des racines, c'est être connecté à une histoire, une famille, une culture. C'est savoir que nous faisons partie de quelque chose de plus grand que nous, qui nous précède et nous survivra.

Jeunes et aînés peuvent sortir gagnants de cette alliance sur bien des plans. Par exemple, « l'amitié d'une personne âgée aide le jeune à ne pas réduire sa vie au présent et à se rappeler que tout ne dépend pas de ses propres capacités. Pour les plus âgés, la présence d'un jeune ouvre l'espérance que ce qu'ils ont vécu ne sera pas perdu et que leurs rêves se réaliseront » (Message pour la IIIe Journée mondiale des grands-parents et des personnes âgées, 23 juillet 2023).

Ce n'est pas parce que nous passons de longs moments à leur raconter nos histoires que les jeunes doivent nécessairement suivre au pied de la lettre tout ce que nous leur disons. Nous avions aussi un esprit critique et contestataire à leur âge. Et c'est cette impulsion à questionner qui rend ces échanges vivants, qui les empêchent de se résumer à un cours magistral. Il s'agit, en définitive, « d'être ouvert pour recueillir une sagesse qui se communique de génération en génération, qui peut coexister avec certaines misères humaines, et qui n'a pas à disparaître devant les nouveautés du consumérisme et du marché » (Exhortation apostolique *Christus vivit*, 190, 25 mars 2019).

En réfléchissant à la question de la transmission des racines, me reviennent en tête ces peuples autochtones qui se passaient, de génération en génération, leurs traditions et leurs sagesses ancestrales, ce qui leur permettait de maintenir une cohésion au sein de la communauté, en lui donnant un sens, une âme et un cœur qui la faisaient vivre. Rien de tout ça n'aurait été possible sans les anciens pour transmettre ces racines et les jeunes pour les préserver.

Nous devons comprendre à quel point cette alliance est nécessaire à une époque où notre vision du monde, soutenue par une économie de marché à outrance et le remplacement du communautaire par l'individuel, tend à homogénéiser les cultures en réduisant leur immense variété, qui est pourtant un trésor de l'humanité. Affaiblir les cultures et chercher à nous intégrer dans une sphère où nos différences et nos traditions sont gommées, c'est appauvrir l'être humain. Nous avons besoin de parier sur un modèle polygonal, où chaque visage a sa propre histoire, sa propre mémoire ainsi que des racines solides pour créer une espérance collective.

Je repose donc la question : « Qu'est-ce que je demande aux anciens parmi lesquels je me compte moi-même ? Je demande que nous soyons les gardiens de la mémoire » (*ibid.*, 196).

Notre modèle de société a privé nos grands-parents de leur voix, d'un espace et d'une occasion de partager leurs expériences, leurs histoires, leur vie. Ces témoignages vivants sont pourtant la boussole qui nous empêchera de nous perdre.

Nous, les anciens, devons encourager les jeunes à trouver leurs racines et, à travers elles, le sens de la vie. Nos racines ne sont pas des chaînes qui nous rivent à d'autres époques ou nous empêchent de nous incarner dans le monde d'aujourd'hui et d'y créer quelque chose de nouveau. Elles sont, au contraire, un point d'ancrage qui nous permet de nous développer et de relever de nouveaux défis, en suivant les bonnes idées du passé et en apprenant de ses erreurs.

Nous risquons de devenir une société déracinée, dans laquelle nos familles perdront progressivement tous leurs liens. L'avenir d'un peuple présuppose nécessairement un dialogue et une rencontre entre anciens et jeunes, afin de construire une société plus juste, plus belle, plus solidaire et, finalement, plus chrétienne.

Cette nouvelle alliance peut être l'antidote à notre société du « chacun pour sa peau ». Ce genre de vision tue. Durant mon premier voyage hors de l'Italie en tant que pape, j'ai dénoncé l'existence « d'une philosophie et d'une praxis d'exclusion des deux pôles de la vie qui sont les promesses des peuples. L'exclusion des personnes âgées, évidemment. On pourrait penser qu'il y a une sorte d'euthanasie cachée, c'est-à-dire qu'on ne prend pas soin des anciens, mais il y a aussi une euthanasie culturelle : on ne les laisse pas parler, on ne les laisse pas agir. Et l'exclusion des jeunes. Le pourcentage de jeunes sans emploi est très élevé et c'est une génération qui n'a pas l'expérience de la dignité gagnée par le travail. Cette civilisation nous a conduits à exclure ces deux sommets qui sont notre avenir » (Rencontre avec de jeunes Argentins à l'occasion de la XXVIIIe Journée mondiale de la jeunesse, 25 juillet 2013).

Sur cette chère terre du Brésil, j'ai esquissé le premier brouillon de cette alliance : « Les jeunes doivent se montrer, ils doivent montrer de quoi ils sont capables, les jeunes doivent sortir et lutter pour les valeurs, lutter pour ces valeurs, et les anciens doivent prendre la parole, ils doivent prendre la parole et nous enseigner. Transmettez-nous la sagesse des peuples » (*ibid.*).

L'alliance des anciens et des jeunes sauvera l'humanité. Nous devons réparer ce lien. J'aime l'image de la famille humaine qui habite une « maison » de quatre étages avec les enfants, les jeunes, les adultes et les aînés. Tous ensemble.

Mais nous avons parfois l'impression qu'il n'y a ni escaliers ni ascenseur dans cette maison et que les locataires de chaque étage ne communiquent plus entre eux, qu'ils ne savent plus comment dialoguer. Il est de notre devoir de construire ces rampes de communication. Nous devons nous rappeler que « l'alliance visible des générations, qui harmonise les temps et les rythmes, nous redonne l'espoir de ne pas vivre en vain » (Audience générale, 2 mars 2022). Nous devons donc également éviter les logiques qui tendent à diviser les habitants de notre grande maison : « L'opposition entre les générations est une duperie et le fruit empoisonné de la culture de l'affrontement » (Message pour la IVe Journée mondiale des grands-parents et des personnes âgées, 28 juillet 2024).

Je tiens à répéter que « monter les jeunes contre les personnes âgées est une manipulation inacceptable : c'est l'unité des âges de la vie qui est en jeu, c'est-à-dire le point de référence réel pour la compréhension et l'appréciation de la vie humaine dans son intégralité » (*ibid.*).

Marchons ensemble. Emmenons les jeunes écouter leurs aînés et se servir de leurs expériences pour construire un avenir d'espérance. Préservons les personnes âgées pour ne rien perdre de leurs vies ni de leurs rêves. Il dépend de nous aujourd'hui de ne pas avoir de regret demain, celui de ne pas avoir prêté suffisamment attention à ceux qui nous ont aimés et donné la vie, celui de réaliser que nos rêves sont vides de leur mémoire.

Les anciens plus forts

« Ne t'éloigne pas de l'enseignement des gens d'expérience. Eux-mêmes l'ont reçu de leurs parents. Près d'eux, tu apprendras à comprendre les choses et à répondre au bon moment » (*Siracide* 8, 9). Pour mener à bien cette alliance qui convertit les rêves des anciens en espérance des jeunes, ces derniers doivent avoir conscience de tout le bien que peut leur apporter le fait d'écouter, avec attention et tendresse, les innombrables expériences de leurs aînés.

Dans les Évangiles, les anciens Siméon et Anne reconnaissent dans le bébé que Marie et Joseph présentent au Temple l'espérance de tout un peuple (*Luc* 2, 22-38). Ils sont capables de voir et d'entendre ce que la grande majorité, perdue dans ses préoccupations, ne perçoit pas. Ils l'ont accueilli, ils l'ont pris dans leurs bras et ils ont compris – eux et personne d'autre – ce qu'il se passait : que Dieu était là, avec eux, et qu'il les regardait avec ses yeux d'Enfant.

Je me souviens aussi des belles paroles de Benoît XVI, quand il a affirmé que « la qualité d'une société, je dirais même d'une civilisation, se juge aussi à la façon dont les personnes âgées sont traitées et à la place qui leur est réservée dans la vie commune » (Benoît XVI, Visite à la maison d'accueil pour personnes âgées de Sant'Egidio, Rome, 12 novembre 2012).

Nous vivons une époque où, pour la première fois, quatre générations cohabitent et où, grâce aux progrès de la médecine, la vie dure plus longtemps. Un milliard d'hommes et de femmes ont plus de soixante ans, et les chiffres montrent qu'en 2030 ils seront 400 millions de plus, dépassant ainsi le nombre de jeunes et d'enfants de moins de dix ans.

Pourtant, la société ne s'est toujours pas préparée à cette réalité et n'a pas réfléchi à comment intégrer ceux qui vivent cette merveilleuse étape de la vie qu'est la vieillesse. Le nombre de personnes âgées s'est multiplié mais nos sociétés ne se sont pas suffisamment organisées pour leur faire de la place, avec un juste respect et une considération concrète pour leur fragilité et leur dignité (Audience générale, 4 mars 2015). Selon de nombreux experts, le vieillissement de la population sera l'une des transformations sociales les plus importantes du XXIe siècle. Nous devons nous montrer à la hauteur et modifier notre façon de les traiter et de les intégrer. Nous devons agir pour qu'ils aient la sensation de faire « partie » d'un avenir qu'ils ne connaîtront pas, mais auquel ils ont néanmoins beaucoup à apporter.

Durant la jeunesse, peu d'entre nous ont pensé à la vieillesse, comme si c'était quelque chose de très lointain qui ne valait pas la peine qu'on s'en préoccupe. Mais en atteignant un certain âge, nous voyons de nos propres yeux ce que beaucoup d'autres ont vu avant nous : des images de solitude, de maladie et de marginalisation sociale. Tout cela doit changer. Les anciens sont une richesse, on ne peut pas les ignorer : l'âge n'est pas un obstacle, il n'empêche pas une personne d'être influente et inspirante. Au contraire, il peut se convertir en moteur et toucher toute la société.

Les personnes âgées sont des hommes et des femmes, des pères et des mères, qui ont parcouru bien avant nous le chemin que nous parcourons. Ils ont vécu dans la même maison et ont affronté les mêmes batailles du quotidien pour se construire une vie digne. Leur expérience et leur sagesse peuvent aider les jeunes à envisager l'avenir avec espoir. Nous avons une grande responsabilité envers les nouvelles générations. Nous devons nous efforcer de leur offrir de véritables projets d'existence, au lieu de multiplier les plans d'aide comme seul moyen d'intégration possible.

Nous, les personnes âgées, sommes souvent dotées d'une sensibilité et d'un talent particuliers pour prendre soin des autres, réfléchir et donner de l'affection. Nous pouvons tendre la main, raconter nos histoires et transmettre nos rêves aux jeunes pour qu'ils en fassent leurs espérances, afin d'enclencher une véritable révolution de la tendresse.

Nous avons « une grande responsabilité : enseigner aux femmes et aux hommes de notre époque à envisager les autres avec le même regard compréhensif et tendre que nous portons sur nos petits-enfants. Nous avons affiné notre humanité en prenant soin des autres et, aujourd'hui, nous pouvons être les enseignants d'une manière de vivre pacifique et attentifs aux plus faibles » (Message pour la IIe Journée mondiale des grands-parents et des personnes âgées, 24 juillet 2022).

Nous devons nous retrousser les manches et donner vie à ces projets d'existence. Pensons à tout ce que nous avons créé afin de subvenir aux besoins des trente premières années de vie d'une personne : l'école maternelle, l'école élémentaire, le collège, le lycée, l'université, etc. Mais qu'avons-nous prévu en tant que société pour ceux qui vivent leurs trente dernières années ? Les anciens ne sont pas des martiens tout juste débarqués d'une soucoupe volante avec leurs rides et leurs cheveux blancs. Nous serons tous ces aînés-là, un jour ou l'autre. Dans un futur lointain pour les plus jeunes, dans moins longtemps pour les adultes. Quant aux autres, comme moi, nous y sommes déjà. Et pourtant, tout ce que l'on nous propose, ce sont des faux élixirs de jeunesse éternelle, des liftings, etc.

Il reste encore beaucoup à faire pour construire cette alliance entre jeunes et anciens. La vieillesse n'est pas forcément un âge de mise en retrait. Nous avons encore énormément à offrir au bien commun. Nous avons envie de continuer la partie, de s'inscrire dans le futur. Nous espérons que les jeunes poursuivront nos rêves.

Des jeunes pleins d'audace pour honorer la mémoire de leurs aînés

Pour que cette alliance puisse donner les meilleurs fruits, nous avons besoin de jeunes qui n'aient pas peur et qui s'engagent à transformer les rêves de leurs aînés en espérance. Nous avons besoin qu'ils prennent des risques, qu'ils aillent sur le terrain et qu'ils évitent le piège de la canapé-dépendance dans laquelle le monde moderne cherche à les engloutir.

Vous devez écouter les expériences de ceux qui sont à la retraite et non prendre votre retraite à vingt ans, comme on le voit parfois chez certains qui semblent être pétrifiés. Ne soyez pas les figurants du film de votre vie. Non ! Soyez les héros de votre histoire.

N'ayez pas peur de changer le monde. Vous avez la force de la jeunesse et la richesse des expériences de ceux qui ont essayé avant vous. La jeunesse est, en outre, une époque où la créativité est à fleur de peau : servez-vous-en pour construire un monde plus fraternel.

N'ayez pas peur de commettre des erreurs. Souvenez-vous que, de la même façon que vous recevez, aujourd'hui, les témoignages de ceux qui ont vécu avant vous, vous transmettrez, demain, vos expériences. Et celles-ci auront bien plus de valeur si vous êtes en mesure de dire : « Un jour, j'ai essayé ça et je me suis trompé, je m'en suis rendu compte, j'ai changé et je me suis amélioré. » Trébucher importe peu : l'important, c'est d'apprendre à se relever.

N'ayez pas peur de vous salir les mains. N'ayez pas peur d'aller à contre-courant si c'est pour faire le bien. Le cambouis du travail pour le bien commun est un cambouis digne. Travaillez avec passion, ne tombez pas dans la médiocrité et la superficialité qui poussent les personnes à croire qu'elles savent tout dès le début et à ne jamais chercher de solutions aux problèmes auxquels elles sont confrontées.

N'ayez pas peur des conflits. Ils sont partout : au sein de notre société, de nos familles, à l'université, au travail.

Ne pas reculer face à un conflit, c'est entraîner sa capacité d'écoute, de reconnaissance de l'autre et de croissance réciproque. Les tensions et les conflits font partie de la vie, mais les résoudre en pensant au bien de tous montre que nous savons viser plus haut que nos propres intérêts.

N'ayez pas peur de chercher le bonheur et, plus important encore, ne le confondez pas avec le consumérisme. Attention, je ne veux pas dire que ceux qui le peuvent n'ont pas le droit de se faire plaisir de temps en temps. Nous le faisons tous. Mais il ne faut pas confondre petit plaisir et accumulation de désirs dans le but de se créer une fausse sécurité. Je me souviens de ce passage de la Bible qui raconte l'histoire d'un homme riche dont la récolte est si importante qu'il ne sait plus où ranger son blé. Alors l'homme dit : « J'abattrai mes greniers, j'en bâtirai de plus grands et j'y amasserai toute ma récolte et tous mes biens. » Et Jésus lui répond : « Insensé ! Cette nuit-même, tu vas mourir, et d'autres profiteront de tout ce que tu as gardé. Il en est ainsi de celui qui amasse des trésors pour lui-même » (*Luc* 12, 16-21).

N'ayez pas peur de prendre des risques. Celui qui n'en prend pas ne grandit pas, ne vit pas de manière prophétique. Décidez de votre avenir, ne permettez pas aux autres de le faire à votre place. Laissez votre empreinte, engagez-vous. Investissez votre énergie dans la concrétisation de ces rêves que vos aînés vous offrent, faites-en une vision d'espérance pour l'avenir. Vivez des vies authentiques et non les vies fictives de la télé-réalité, où le seul projet d'avenir est de ne pas être nominé.

N'ayez pas peur de vous impliquer en Politique, avec un grand P. C'est la forme la plus élevée de charité. Quelqu'un m'a dit un jour que nourrir des personnes qui avaient faim, c'était de la charité, mais que s'organiser pour essayer de leur trouver du travail et une aide sociale, c'était de la Politique. L'image m'a plu. L'organisation triomphe du temps et ouvre la voie à l'espérance.

N'ayez pas peur de prendre les choses en main. Prenez en main l'histoire de votre peuple. Tous les jeunes devraient vouloir contribuer à la prospérité de leur patrie. Vous devez vous habituer à participer à la vie sociale, politique, religieuse, culturelle et intellectuelle de votre pays, vous ne pouvez pas attendre demain.

Mais, surtout, n'ayez pas peur d'écouter les personnes âgées et de réaliser leurs rêves.

Un destin d'espérance

Un peuple qui ne prend pas soin de ses aînés ni de ses jeunes est un peuple sans avenir, sans espérance. Dans le monde actuel, ces deux extrémités de la vie « sont condamnées au même destin : l'exclusion » (Rencontre avec de jeunes Argentins à l'occasion de la XXVIIIe Journée mondiale de la jeunesse, 25 juillet 2013).

Mais ce destin n'est pas la seule chose qui nous unit avec les jeunes. Nous avons également une mission commune.

Nous avons le devoir d'enrayer cette culture du déchet. Et pour cela nous avons besoin d'une nouvelle alliance, une alliance d'espérance.

Nos aînés ont beaucoup à offrir. Je suis vieux et je crois que j'ai encore des choses à donner. Pour construire cette alliance avec les jeunes, nous pouvons commencer par bannir, avec leur aide, les stéréotypes qui nous affligent et qui contribuent à renforcer cette culture du déchet. Nous sommes souvent plus faibles qu'avant, bien sûr, c'est dans la logique des choses. Mais ces faiblesses ne nous définissent pas. Ce qui nous définit c'est notre dignité et notre envie de contribuer à un avenir plein d'espoir grâce à notre expérience.

De leur côté, les jeunes doivent faire attention car ils sont eux aussi victimes de la culture du déchet : nous vivons dans une société de l'image et de l'éphémère qui exclut tous ceux qui ne rentrent pas dans une case, ceux qui sont différents. Fuyez la culture du maquillage où l'apparence et le succès sont les seules choses qui comptent, même s'ils impliquent de piétiner les autres.

Unissons-nous pour construire une société différente, plus accueillante, plus humaine et plus inclusive. Une société qui n'aurait pas besoin de se débarrasser des faibles de corps ou d'esprit, mais qui aurait pour objectif principal la dignité de tous, celle à laquelle nous avons tous droit de façon équitable, du simple fait d'être humains. Faisons du dicton « Si jeunesse savait, si vieillesse pouvait » une réalité. Et il n'y aura alors plus rien d'impossible.

Ma grand-mère Rosa, dont je vous ai parlé au début de ce chapitre, avait l'habitude de me raconter une histoire qui, je crois, peut nous aider à comprendre l'importance de cette alliance que je vous propose. Un père de famille décide un matin que le grand-père ne mangera désormais plus à la table familiale mais seul sur un petit guéridon en bois. Celui-ci vieillissant, ses mains tremblent de plus en plus et il renverse de la soupe et de l'eau partout. Mais un jour, en rentrant chez lui, le père en question tombe sur son fils de quatre ans en train de jouer avec des bouts de bois. Quand il lui demande ce qu'il est en train de faire, ce dernier répond : « Je fabrique une petite table pour que maman et toi puissiez y manger quand je serai grand. »

En délaissant nos anciens, c'est une tradition entière que nous perdons. Les personnes âgées ne sont pas des vieilleries à remiser sur une étagère de musée mais la garantie d'un avenir. Elles sont la sève des racines qui font pousser l'arbre qui donnera ensuite des fleurs et des fruits.

Les jeunes et leurs aînés sont l'espérance des peuples. Comme je l'ai affirmé, « les personnes âgées apportent la mémoire et la sagesse de l'expérience qui nous invitent à ne pas répéter les erreurs du passé. Les jeunes nous appellent à réveiller et faire grandir l'espérance parce qu'ils portent en eux les nouvelles tendances de l'humanité et nous ouvrent à l'avenir, de sorte que nous ne restions pas ancrés dans la nostalgie des structures et des habitudes qui ne sont plus porteuses de vie dans le monde actuel » (Exhortation apostolique *Evangelii Gaudium*, 108, 24 novembre 2013).

Permettez-moi de rappeler les mots de feu Dom Hélder Camara, l'archevêque brésilien et immense défenseur de la justice et des droits des plus vulnérables : « Lorsqu'on rêve seul, ce n'est qu'un rêve, mais lorsqu'on rêve ensemble, c'est le début d'une nouvelle réalité. » Travaillons main dans la main. Rêvons ensemble. Il existe une alternative à la culture du déchet : celle de l'espérance que représente précisément l'alliance entre les jeunes et les anciens.

Ce qui rend un peuple fort c'est sa mémoire, parce qu'elle lui permet de se sentir lié à un chemin, une histoire, des racines. Et l'espérance est la voile qui le guide et l'accompagne vers l'avenir. Enracinons cette alliance entre jeunes et vieux et avançons, entre la mémoire et l'espérance, jusqu'à ce nouvel horizon, celui qui ponctue le chemin que nous devons parcourir ensemble.

VI

L'espérance a toujours un visage humain

Il est encore temps.

Reprenons l'image du début de ce livre : notre bateau au milieu de la tempête et l'espérance qui nous sert d'ancre et de voile pour la traverser.

Ces temps-ci, les tempêtes semblent s'abattre sur nous plus fort et plus longtemps. L'année jubilaire va avoir lieu alors que le monde est affligé par les guerres, la pauvreté, les migrations massives et tout un tas d'autres dangers auxquels nous devons faire face, en tant que famille humaine, si nous voulons partir en pèlerinage tous ensemble et dans l'espérance.

L'humanité traverse une crise globale. L'interconnexion des facteurs économiques, sociaux, politiques et migratoires nous empêche de résoudre ces problèmes individuellement, sans tenir compte des autres (Lettre encyclique *Laudato Si'*, 138-139, 24 mai 2015). Nous connaissons, en outre, une urgence climatique mondiale sans précédent. N'oublions pas que « nous aurons beau essayer de les nier, les cacher, les dissimuler ou les relativiser, les signes du changement climatique sont là, toujours plus évidents » (Exhortation apostolique *Laudate Deum*, 5, 4 octobre 2023).

Dans un système qui a glorifié la main invisible du marché, celle de l'homme se fait, elle, de plus en plus évidente dans les transformations profondes que subit la planète. Et il ne s'agit pas de prédictions. Selon de nombreuses études scientifiques, « il est vérifiable que certains changements climatiques provoqués par l'humanité augmentent considérablement la probabilité d'événements extrêmes chaque fois plus fréquents et intenses » (*ibid.*).

Nous en sommes arrivés là parce que notre paradigme socio-économique fondé sur l'avidité et la cupidité nous a poussés à piller la Terre pour maintenir le rythme de consommation et de gaspillage qui le caractérise. Des années et des années d'une intervention humaine sans limite sur la nature ont engendré des conséquences climatiques désormais irréversibles. Quant aux autres menaces environnementales imminentes, elles ne trouveront pas de solution si nous n'agissons pas à temps. Je pense à la fonte des glaciers dans les pôles et à la montée des températures au-delà des limites déjà élevées que s'est fixées l'humanité.

Il y a des années déjà, notre doctrine établissait que la responsabilité de cette situation incombait principalement à « la prétention de l'homme à exercer une domination inconditionnée sur les choses, un homme peu soucieux des considérations morales qui doivent pourtant caractériser toute activité humaine » (Conseil pontifical « Justice et Paix » : Compendium de la doctrine sociale de l'Église, 461, 2004).

Nous nous sommes laissé guider par un paradigme technocrate qui, avec le temps, nous a poussés à penser comme si la réalité, le bien et la vérité surgissaient « spontanément du même pouvoir technologique et économique » (Exhortation apostolique *Laudate Deum*, 20, 4 octobre 2023). C'est ainsi que nous avons peu à peu cautionné l'idée d'un être humain sans limite motivé exclusivement par la cupidité, une soif insatiable de gains et une déconnexion absolue avec les valeurs de fraternité et de solidarité qui avaient permis à la majorité des pays d'atteindre un certain consensus au milieu du XXe siècle.

À la fin du siècle dernier, saint Jean-Paul II nous prévenait déjà qu'« à cause des puissants moyens de transformation que nous offre la civilisation technologique, il semble parfois que l'équilibre entre homme et environnement ait atteint un point critique », (Jean-Paul II, Discours aux participants du Congrès international « Environnement et Santé », 24 mars 1997).

Nous, les locataires de la planète, possédons aujourd'hui un pouvoir sans précédent sur ce qui se crée et sur notre propre avenir. Que l'humanité dépende d'elle-même devrait être un signe d'espérance, mais rien n'affirme qu'elle utilisera ce pouvoir à bon escient, surtout lorsqu'on considère la façon dont elle l'a fait durant ces dernières décennies (Exhortation apostolique *Laudate Deum*, 23, 4 octobre 2023).

De multiples menaces interconnectées sont apparues et nous devons les affronter si nous voulons continuer à caresser l'espérance de notre permanence sur terre. Nous devons prendre soin de notre maison commune. Mais nous devons également faire attention à la famille humaine qui l'habite. Nous devons nous préoccuper de la dignité de chacun de ses membres et du genre de relations qui nous unissent. Le monde dont nous rêvons, celui dans lequel nous projetons nos visions d'avenir, doit être construit maintenant. Il est encore temps, mais uniquement si nous réagissons rapidement et avec conviction.

À l'accélération des dommages causés à notre planète, il faut ajouter que « l'humanité est entrée dans une nouvelle ère où le pouvoir technologique nous place à la croisée des chemins » (Lettre encyclique *Laudato Si'*, 102, 24 mai 2015).

L'ère dans laquelle nous vivons est considérée comme la quatrième révolution industrielle. Elle se caractérise par l'irruption vertigineuse de la technologie digitale, de la robotique et de l'intelligence artificielle. L'avenir a besoin de pèlerins de l'espérance prêts à construire une alternative face à la mentalité utilitariste, courtermiste et manipulatrice qui a tant nui à notre planète et menace toujours notre avenir. Nous ne pouvons pas laisser le paradigme technocrate qui a gouverné notre relation à notre maison commune nous dicter, également, notre lien aux nouveautés technologiques.

Nous devons aussi tenir compte du fait que « les ressources naturelles nécessaires à la technologie, comme le lithium, le silicium et bien d'autres, ne sont certes pas illimitées, mais le plus grand problème est l'idéologie sous-jacente d'une obsession : accroître, au-delà de l'imaginable, le pouvoir de l'homme, en face duquel toute réalité non humaine n'est plus qu'une simple ressource à son service » (Exhortation apostolique *Laudate Deum*, 22, 4 octobre 2023). Si notre façon de traiter la planète est liée à la rapidité des nouvelles avancées technologiques, les réponses que nous devons apporter à ces problèmes, en tant qu'humanité, doivent l'être elles aussi.

En matière d'urgence climatique, nous nous réveillons tard mais encore à temps pour organiser l'espérance et humaniser les nouvelles avancées technologiques.

Face à l'émergence des nouvelles technologies

Nous assistons à un véritable changement d'époque. Des horizons inimaginables il y a quelques années encore s'ouvrent quotidiennement devant nous et nous courons le risque que la situation nous échappe.

Les bouleversements que nous subissons s'accélèrent, qu'il s'agisse de notre environnement ou de notre mode de vie, et ils ont des effets et des développements souvent imprévisibles et flous.

La grande crise que traverse l'humanité revêt de multiples visages (pandémie, migrations, pauvreté, climat). Elle ne frappe donc pas de façon isolée : chaque secteur touché en affecte un autre, par ricochet. Par conséquent, même la grande transformation technologique qu'est censée être l'émergence et la massification de l'intelligence artificielle (IA) ne sera pas en mesure de gommer ces liens complexes.

Il existe un consensus général sur le fait que l'IA soit chaque jour plus présente dans tous les aspects de notre vie quotidienne, personnelle comme sociale. Bien sûr, il ne s'agit pas de la première transformation importante à laquelle l'humanité est confrontée. Je pense, par exemple, à l'invention de la machine à vapeur et de l'électricité, ou même de l'imprimerie qui a révolutionné notre façon de stocker et de transmettre l'information.

Cependant, la magnitude de l'impact des transformations que nous sommes en train de vivre atteint des proportions inédites. Ces dernières années, nous avons laissé plusieurs nouveautés technologiques « s'installer » dans nos vies, sans aucun contrôle et sans trop nous en inquiéter. Nous devons revoir notre approche.

Les nouvelles frontières de la science, dont la portée va bien au-delà de notre planète, ont dépassé tout ce que nous avions imaginé. Nous observons les limites devenir floues entre la matière inorganique et l'organique, le réel et le virtuel, entres les identités stables et celles qui changent au contact d'autres. On parle même de prétendues « pensées hybrides », fruits de la fusion de la capacité cognitive de l'homme et de celle de la machine, qui altéreraient de façon substantielle l'espèce.

Il me semble particulièrement préoccupant que « l'intelligence artificielle et les dernières innovations technologiques se fondent sur l'idée d'un être humain sans aucune limite, dont les capacités et les possibilités pourraient être étendues à l'infini grâce à la technologie. Le paradigme technocratique s'alimente ainsi lui-même de façon monstrueuse » (Exhortation apostolique *Laudate Deum*, 21, 4 octobre 2023).

Nous ne devons pas céder à la tentation de jouer au Créateur.

Nous devons mener cette nouvelle révolution avec humanité. À la différence des transformations que nous avons connues précédemment, le destin de l'Homo Sapiens tel que nous le connaissons sera en danger si nous laissons au hasard (ou, pire encore, aux mains des fabricants) le soin de réguler ces nouvelles technologies.

L'humanité a encore le temps de ne pas se condamner elle-même. Seul l'être humain peut pourvoir l'éthique qui permettra d'encadrer le développement de ces technologies et éviter qu'elles n'accentuent les brèches déjà énormes qui existent aujourd'hui en matière de répartition des ressources ou de richesses digitales. Notre savoir, celui qui a développé ces technologies, doit créer les limites de leur évolution. On ne peut pas laisser cette tâche à des machines.

J'ai déjà affirmé que « les machines possèdent certes une capacité incommensurablement plus grande que l'homme pour mémoriser des données et les relier entre elles, mais c'est à l'homme et à lui seul d'en décrypter le sens. Il ne s'agit donc pas d'exiger que les machines aient l'air humaines mais de réveiller l'homme de l'hypnose dans laquelle il a sombré du fait de son délire de toute-puissance, se croyant un sujet totalement autonome et autoréférentiel, séparé de tout lien social et oublieux de son statut de créature » (Message pour la LVIIIe Journée mondiale des communications sociales, 2024).

La robotique, la simplification des communications, l'IA et plein d'autres outils nous ont offert de formidables occasions, comme l'amélioration de nos conditions de vie et de travail, des instruments médicaux et des interactions personnelles.

Cependant, il est également évident que la rapidité des actualisations des systèmes d'exploitation des machines dépasse largement celle de notre capacité à mettre en place leur régulation. Nous devons avoir une ambition morale forte : celle d'humaniser la technologie et non de « technologiser » l'être humain. Nous devons encadrer de façon responsable la conception et l'utilisation des IA, afin que celles-ci soient au service de l'humanité et de la protection de notre maison commune.

Sans une supervision adéquate de ces technologies et un engagement renouvelé d'inverser les dommages causés à la planète, l'avenir de l'humanité sera en danger. Il faudra également, si l'on veut que ces avancées technologiques contribuent vraiment à promouvoir la justice et la paix dans le monde, protéger la dignité de chaque personne et assurer une fraternité sans exception au sein de toute la famille humaine.

Je me souviens de la vision prophétique de saint Paul VI quand il a expliqué que tout progrès devait se faire au service de l'être humain et viser à « réduire les inégalités, combattre les discriminations, libérer l'homme de ses servitudes, le rendre capable d'être lui-même l'agent responsable de son mieux-être matériel, de son progrès moral et de son épanouissement spirituel » (Paul VI, Lettre encyclique *Populorum Progressio*, 34, 26 mars 1967).

Les technologies émergentes ont prouvé qu'elles pouvaient bouleverser l'humanité. Il nous appartient de décider si ce bouleversement sera bon ou mauvais. Elles peuvent être synonyme d'un développement sans précédent mais également d'une tragédie équivalente, notamment en enfermant l'être humain dans une dictature de la technologie qui le détruirait et bouleverserait l'humanité elle-même. Le progrès ne peut donner lieu à un monde meilleur que s'il a le bien commun pour objectif.

Nous arrivons aujourd'hui à un carrefour décisif où nous pouvons encore agir et construire un monde dans lequel la technologie est véritablement au service des peuples. Sans un développement juste et équitablement réparti, il n'y aura ni justice, ni paix, ni fraternité universelle. Si nous ne contrôlons pas ces évolutions, c'est notre maison commune que nous mettrons en danger. Et la tempête que nous traversons s'abattra sur nous encore plus fort. Nous devons sauver l'humanité du naufrage.

Les risques de l'absence de régulation

Il ne s'agit pas de se montrer alarmistes face aux nouvelles technologies ni de devenir des « luddistes » du XXIe siècle, simplement par esprit d'opposition. Nous exigeons la mise en place d'un véritable contrôle du développement des nouvelles technologies pour qu'il se fasse tout en répondant à une authentique question philosophique : n'abusons-nous pas de notre prétention à dominer les outils de la Création ? Ces dernières années, certains signes alarmants sont apparus sur les conséquences potentiellement néfastes pour une bonne partie de l'humanité de l'utilisation totalement dérégulée et sans contrôle des innovations technologiques.

Parmi ces signes préoccupants, nous avons vu fleurir plusieurs propositions de laisser des IA gérer les demandes d'immigration et d'autre programmes de sélection de personnes dans un cadre public comme privé. Nous ne pouvons pas laisser un algorithme décider du destin d'un être humain. N'oublions jamais que notre façon de traiter les plus vulnérables et les plus petits de nos frères et sœurs dit la valeur que nous donnons aux êtres humains.

Ce genre de proposition éradique toute possibilité d'aller à la rencontre de l'autre, de créer des espaces de dialogue.

Il faut également garder en tête qu'un algorithme n'est pas autonome mais, au contraire, le résultat d'un système pensé par l'être humain. Ainsi, le caractère éthique doit toujours primer dans son élaboration. Envisager de laisser une IA décider de la vie d'un homme serait une grave erreur. Cela signifierait concrètement que, dans un futur toujours plus proche, « la fiabilité d'un demandeur de prêt bancaire, l'aptitude d'un individu pour un emploi, la possibilité de récidive d'un condamné ou bien le droit à l'asile politique ou à une aide sociale seraient déterminés par des systèmes d'intelligence artificielle » (Message pour la LVIIe Journée mondiale de la paix, 1er janvier 2024).

L'être humain, tout comme sa dignité, est bien plus qu'un ensemble de données analysées par un algorithme. Tout débat quant à l'adoption de ces systèmes devrait partir de là. J'ai déjà insisté sur le fait que « l'absence de divers niveaux de médiation, que présentent ces systèmes, expose particulièrement à des formes de préjugés et de discrimination » car « les erreurs systémiques peuvent facilement se multiplier, engendrant non seulement des injustices individuelles mais aussi, par un effet de domino, de véritables formes d'inégalités sociales » (*ibid.*).

Nous voyons également fleurir des outils sophistiqués de reconnaissance faciale dont les algorithmes n'ont qu'un seul but : celui de contrôler les populations. Ce genre de procédés artificiels de classification porteraient un coup aux droits fondamentaux de millions de nos frères et sœurs qui, eux, sont bien fait de chair et d'os. Nous devons étudier minutieusement les questions de confidentialité, de stockage de données et de propriété intellectuelle que soulèvent ces nouvelles technologies. En effet, leur mauvaise utilisation pourrait avoir de très graves conséquences. Les concepteurs développent également des outils toujours plus élaborés de tracking virtuel dans le but de collecter des données sur les habitudes des gens afin de tenter de les contrôler. Nous devons exiger plus de transparence de la part des fabricants pour savoir ce qu'eux savent de nous, quel type d'informations ils stockent et, surtout, comment et pourquoi ils les utilisent.

La massification de l'IA pose un risque de plus en plus réel dans le secteur des médias et des télécommunications, comme nous l'avons vu avec l'influence notable des *fake news* et des *deep fakes*. Nombreuses sont les personnes, publiques ou non, qui se font harceler par des publications coordonnées sur les réseaux sociaux sans la moindre vérification préalable de leur contenu et avec une rapidité de propagation qui limite la possibilité de réviser leur réalité. Nous avons également vu des vidéos et des audios de personnes modifiés pour leur faire dire ou faire telle ou telle chose : un outil extrêmement dangereux quand il sert un objectif électoral puisqu'il détruit le ciment fondamental de la démocratie. Pire encore, nous avons vu apparaître de fausses images de pornographie infantile, un phénomène qui attaque directement les plus vulnérables d'entre nous, nos enfants. J'ai moi-même été victime de cette manipulation d'images qui semble un peu plus vraie à chaque fois.

Les outils d'IA sont également capables d'influencer nos décisions via des stimuli et des systèmes de persuasion, ou en choisissant l'information à laquelle nous avons accès pour réguler, indirectement, nos choix personnels. Il ne s'agit plus d'un simple algorithme mais de formes de contrôle social extrêmement sophistiquées, mises en place par ceux qui conçoivent ces outils. Les autorités gouvernementales doivent fournir un effort pour surveiller ces derniers et engager leur responsabilité juridique si nécessaire.

Y compris dans le domaine de la guerre, la prolifération des armes dites autonomes est en train de transformer, à grande échelle, l'ordre international. Nous nous inquiétons de l'apparition d'armes non contrôlées dans de plus en plus de conflits armés et de la délégation de plus en plus de pouvoir de décision quant à l'usage de la force, malgré le fait que leur comportement soit imprévisible ou que la finalité et le champ de leur fonctionnement ne soient toujours pas bien définis ni connus. N'oublions pas que la guerre est toujours une défaite, que chaque attaque militaire doit être soigneusement examinée et sa légitimité prouvée.

Dernièrement, nous avons vu comment le fait de mener des opérations militaires via des systèmes de contrôle à distance limite la perception de la dévastation causée par ces derniers et de la responsabilité de leur utilisation, ce qui contribue à une approche toujours plus froide et distante de la guerre, qui est pourtant une immense tragédie en soi. Les machines ne sont pas des sujets puisqu'elles ne peuvent pas vraiment penser, ressentir, décider ni être considérées comme responsables de leurs actes. Même les armes autonomes les plus sophistiquées ne peuvent pas faire plus que suivre des ordres et simuler des comportements humains. Malgré leur sophistication, nous ne pouvons pas leur permettre d'avoir le dernier mot sur la vie des êtres humains. Elles ne peuvent pas être considérées comme des sujets moraux responsables et nous ne pouvons pas accepter qu'elles remplacent notre capacité de jugement moral et de prise de décision éthique à nous, les êtres humains. Une machine, aussi « intelligente » soit-elle, sera toujours une machine.

Il est également très important de tenir compte de la quantité de ressources naturelles rares nécessaires au développement de ces technologies. Nous courons le risque que l'avidité des entreprises qui les fabriquent engendre un colonialisme 2.0 dont seront victimes les pays dont les sols sont pleins de ces richesses. Nous appelons les gouvernements du monde entier à ne pas répéter les époques de domination et de pillage que le monde a connues – et tolérées – à l'encontre des nations riches en énergies fossiles, en diamants et autres trésors de la nature.

En outre, l'extraction de ces métaux rares a souvent un coût environnemental très élevé, comme l'immense quantité d'eau ou la haute consommation d'énergie qu'elle nécessite.

Les nations les plus pauvres ne doivent pas payer le prix environnemental et économique de la fête technologique de deux ou trois P.-D.G. multimillionnaires.

J'aimerais également mettre le monde en garde contre la manipulation des données dans le but de créer des publicités ciblées afin d'envahir tous les recoins de la vie virtuelle des utilisateurs. Je m'inquiète tout particulièrement de la prolifération de celles qui ont pour objectif affiché d'attirer les jeunes vers les paris en ligne – un salut individuel illusoire dans un contexte de crise toujours plus marquée. La généralisation massive des smartphones a transformé le téléphone de nos jeunes en un casino portable et leur a ouvert la porte sur une multitude de paris, toujours plus risqués et faciles d'accès, qui anesthésient leur sentiment de responsabilité. Nos gouvernements ne peuvent pas être les complices de cette ludopathie qui entraîne des conséquences graves sur la santé mentale et financière de notre jeunesse. Les entreprises de paris en ligne ont même le droit de sponsoriser de nombreuses équipes sportives, générant une familiarisation des paris incompatible avec les valeurs du bien commun, celles du sport et d'une société saine et fraternelle.

Au-delà des risques liés à leur utilisation non contrôlée, ces nouvelles technologies ont également des applications très favorables et contribuent parfois de façon décisive au bien commun. Par exemple, « l'intelligence artificielle pourrait permettre une démocratisation de l'accès au savoir, le progrès exponentiel de la recherche scientifique, la possibilité de confier des travaux pénibles à des machines » (Discours à la session du G7 sur l'intelligence artificielle, 14 juin 2024).

En 2050, selon plusieurs estimations, le monde devra nourrir 10 milliards de personnes. Il nous faut donc repenser notre agriculture de façon globale. Et mettre en place des systèmes agroalimentaires plus inclusifs et durables ne sera possible qu'avec l'aide de l'IA et d'autres technologies.

La surveillance de l'utilisation des ressources hydriques est une autre application intéressante de ces innovations technologiques dont le monde pourrait bénéficier. N'oublions pas que l'eau est un sujet crucial, une ressource si fondamentale que de nombreuses études pensent qu'elle pourrait devenir un enjeu de guerre dans le futur.

Pour nous aider à penser l'avenir de ces nouvelles technologies, à réfléchir à leurs risques et à leurs bénéfices, j'aime l'idée d'une « algor-éhtique ». Le développement d'un algorithme doit être éthique à tous les niveaux de sa conception : expérimentation, production, distribution et commercialisation. Il doit tendre vers un véritable bien commun. L'objectif, c'est de vérifier efficacement et globalement la façon dont les innovations de notre époque lient l'être humain et la machine. Pour ce faire, les principes de la doctrine sociale de l'Église nous donnent des lignes directrices fondamentales : dignité de la personne, justice, subsidiarité et solidarité. Ainsi, nous montrerons notre volonté d'être au service de l'intégrité de chacun, sans discrimination ni exclusion.

Cependant, le débat sur la façon de gérer ces nouveaux outils ne peut pas être qu'une question politique, industrielle ou de simple application.

Si l'Église peut apporter sa contribution à la fois unique, originale et positive à ce débat, ce serait en l'envisageant depuis deux axes principaux : la préservation de notre maison commune et la fraternité. Toute discussion doit se fonder sur l'humain, surtout lorsque nous parlons d'outils qui entraînent des conséquences sur l'humanité – une humanité dont la maison se trouve être la planète Terre. Les débats sur l'avenir des technologies concernent tous nos frères et sœurs et doivent donc tenir compte de ce sentiment de fraternité.

Certaines des propositions que je regarde avec intérêt préconisent la création d'une agence internationale de l'IA qui aurait la charge de promouvoir son utilisation pacifique, de lui trouver des applications civiles qui permettraient de réduire les inégalités, de prévenir ses effets néfastes en limitant ses éventuelles conséquences indésirables. Si la COP21 de Paris en 2015 a été un tournant dans nos politiques en matière de changement climatique, nous devrions envisager un « Paris des technologies modernes » pour faire face à ces nouveaux défis.

Je tiens à rappeler certaines des mises en garde qui ont été, à la fin du siècle dernier, intégrées à la doctrine sociale de l'Église sur l'usage, alors émergent, des biotechnologies et m'en inspirer pour esquisser des lignes directrices qui peuvent aujourd'hui s'appliquer à de nouveaux outils tels la robotique et l'IA (Conseil pontifical « Justice et Paix » : Compendium de la doctrine sociale de l'Église, 472-480, 2004).

Il est donc « nécessaire d'avoir à présent à l'esprit les critères de justice et de solidarité, auxquels doivent s'en tenir avant tout les individus et les groupes qui travaillent à la recherche et la commercialisation », de ces nouvelles technologies. Il ne faut pas faire l'erreur de croire que la seule diffusion de leurs bienfaits « puisse résoudre tous les problèmes urgents de pauvreté et de sous-développement qui accablent encore de nombreux pays du monde » (*ibid.*).

Nous appelons également les entrepreneurs et les institutions publiques qui encadrent la recherche, la production et le commerce des produits dérivés des nouvelles technologies à tenir compte non seulement du profit légitime mais également du bien commun.

Nous devons considérer « l'importance d'une "saine politique" pour envisager notre avenir avec espoir et confiance » (Discours à la session du G7 sur l'intelligence artificielle, 14 juin 2024). Ainsi, « les politiques, les législateurs et les fonctionnaires ont la responsabilité d'évaluer les potentialités, les avantages et les risques éventuels » liés à ces nouveaux outils. Et il est « inacceptable que leurs décisions, à un niveau national ou international, soient dictées par des pressions provenant d'intérêts partisans » (Conseil pontifical « Justice et Paix » : Compendium de la doctrine sociale de l'Église, 479, 2004).

L'espérance a toujours un visage humain

Le prochain Jubilé sera le premier depuis l'émergence de ces nouvelles technologies et il aura également lieu en pleine urgence climatique. Jour après jour, nous voyons bien que notre maison commune nous demande de faire une pause dans notre mode de vie, un mode de vie qui pousse notre planète au-delà de ses limites en engendrant l'érosion des sols, la disparition des campagnes, la progression des déserts, l'acidification des océans, l'intensification des tempêtes et d'autres phénomènes climatiques extrêmes (Message pour la Journée mondiale de prière pour la sauvegarde de la Création, 1er septembre 2020). Ces phénomènes sont le cri de la Terre qui cherche à nous interpeller.

Durant le Jubilé, comme il est expliqué dans les Évangiles, le Peuple de Dieu est invité à cesser de travailler pour limiter sa consommation habituelle et permettre à la terre de se régénérer et au monde de se réorganiser. Souvenons-nous des paroles que Dieu adresse à Moïse sur le mont Sinaï : « Ce sera pour vous une année de jubilé et chacun d'entre vous retournera dans sa propriété et sa famille. La cinquantième année sera pour vous celle du jubilé. Vous ne sèmerez point, vous ne moissonnerez point ce que les champs produiront d'eux-mêmes, et vous ne vendangerez point la vigne non taillée. C'est une année de jubilé, et vous la regarderez comme une chose sainte. Vous ne mangerez que le produit de vos champs » (*Lévitique* 25).

Il est de notre devoir de trouver un mode de vie équitable et durable, qui redonnera à la Terre le repos qu'elle mérite, ainsi qu'une façon de nous alimenter qui puisse subvenir aux besoins de tous sans détruire les écosystèmes qui nous permettent de vivre.

Nous considérions, avant la pandémie déjà, qu'il était nécessaire de « réfléchir à notre mode de vie et à la façon dont nos choix quotidiens en matière d'alimentation, de consommation, de déplacements, d'usage de l'eau, de l'énergie et de nombreux biens matériels sont souvent inconsidérés et nuisibles » (Message pour la Journée mondiale de la prière pour la sauvegarde de la Création, 1er septembre 2019). Aujourd'hui, nous devons de surcroît réfléchir à l'avenir des nouvelles technologies et aux décisions que nous devons prendre, en tant qu'humanité, pour que leur utilisation ne soit pas incompatible avec un monde de fraternité et d'espérance.

Nous sommes appelés à sortir de la commodité et à proposer des solutions et des alternatives créatives pour que la planète continue d'être habitable et que notre existence sur Terre ne soit pas en danger.

À problèmes nouveaux, solutions nouvelles. Nous devons réfléchir aux dilemmes éthiques que pose l'usage continuel de la technologie, et avoir recours à l'intégration des savoirs pour éviter l'avènement du paradigme technocratique.

Afin de construire un avenir dont personne ne sera exclu, la dignité de tout homme et de toute femme doit être notre préoccupation centrale. Il ne s'agit plus seulement d'assurer la continuité de l'espèce humaine sur une planète toujours plus menacée, sinon de tout faire pour que la vie soit respectée en toutes circonstances. Et si nous n'avons pas su réagir à temps à la crise environnementale, nous ne devons pas commettre la même erreur face à l'une des transformations les plus profondes de l'histoire récente de l'humanité : l'invasion par l'IA de tous les domaines de notre quotidien.

Voilà pourquoi nous sommes appelés à être des pèlerins de l'espérance. J'aime l'image du pèlerin, de « celui qui ne se met plus au centre de tout et peut ainsi se transcender. Il sort de lui-même, ouvre un nouvel horizon et quand il revient chez lui, il n'est plus le même et, dès lors, sa maison ne sera plus la même » (*Un temps pour changer*, 2022). De plus, le chemin du pèlerin n'est pas un acte individuel mais communautaire, empreint d'un dynamisme en essor qui tend chaque fois plus vers la croix, qui nous offre toujours la certitude de la présence et la sécurité de l'espérance. Se mettre en marche est « un geste caractéristique de ceux qui vont à la recherche du sens de la vie » (*Spes non confundit*, Bulle d'indiction du Jubilé ordinaire de l'année 2025, 9 mai 2024).

Rappelez-vous ce que je vous ai dit au début de ce livre : l'espérance est notre ancre et notre voile. Avec elle, partons en pèlerinage pour construire ce monde plus fraternel dont nous rêvons, un monde où la dignité de l'être humain prévaut sur les divisions, un monde qui vit en harmonie avec notre mère la terre.

Le chemin de la vie ne traverse pas que des eaux calmes. Très souvent, nos expériences personnelles et les événements du monde exigent un recours encore plus grand à l'espérance. Dans certaines langues, on appelle « l'espérance » l'ancre que des bateaux emportent en réserve au cas où ils auraient des manœuvres d'urgence à effectuer, notamment pour se stabiliser durant une tempête. Grâce à elle, nous pouvons naviguer « en pleine mer » vers un avenir inconnu, tout en gardant le contrôle de notre gouvernail.

J'appelle donc de nouveau tous les hommes et toutes les femmes de bonne volonté à devenir « au milieu des ruines quotidiennes du monde, d'infatigables bâtisseurs d'espérance, soyons la lumière alors que le soleil s'obscurcit, soyons des témoins de compassion alors qu'autour de nous règne la distraction, soyons aimants et attentifs au milieu de l'indifférence générale » (Message pour la Ve Journée mondiale des pauvres, 14 novembre 2021).

Le révérend Martin Luther King, source inépuisable d'inspiration, a proféré il y a déjà soixante-dix ans, durant son discours d'acceptation du prix Nobel de la paix, une grande vérité toujours en vigueur aujourd'hui : nous, les êtres humains, avons appris à voler dans les airs comme les oiseaux et à nager dans la mer comme des poissons, mais nous n'avons pas appris l'art simple de vivre ensemble comme des frères.

Il n'y a plus de temps à perdre. Nous n'avons plus d'alternative. Soit nous construisons l'avenir ensemble, soit il n'y aura pas d'avenir.

Les belles paroles de Tonino Bello me reviennent en tête : « Nous ne pouvons pas nous contenter d'espérer, nous devons organiser l'espérance. » Nous devons la redécouvrir, l'annoncer et la construire. Et ce « nous » nous inclut tous, même l'Église et ses membres puisque « sans espérance, nous serions des administrateurs, des équilibristes du présent et non des prophètes et des bâtisseurs d'avenir » (Discours à l'occasion de la L[e] Semaine sociale des catholiques italiens, Trieste, 7 juillet 2024).

Si nous voulons soulager les pauvres de leurs souffrances, éradiquer l'économie du déchet et faire naître de nouveaux rêves, alors nous n'avons pas d'autre choix que de transformer notre espérance en possibilités et en gestes concrets d'attention, de fraternité, de justice, de solidarité et de sauvegarde de notre maison commune.

Il nous incombe à tous d'organiser l'espérance et de la traduire effectivement dans notre quotidien, dans nos relations aux autres, dans notre lien avec la planète et dans notre engagement social et politique.

M'accompagnerez-vous dans ce pèlerinage ?

Note du directeur d'ouvrage

Je tiens d'abord à remercier le pape François d'avoir bien voulu concrétiser en un livre sa vision de l'importance du Jubilé, de l'espérance et de ses déclinaisons en visages concrets. L'équipe de Piemme, emmenée par Cecilia Mastrogiovanni, a contribué de façon inestimable à cet ouvrage. Ana Clara Pérez Cotten a eu la charge de synthétiser la profondeur des concepts, de donner à ce texte une clarté, un ordre et une structure. Ma plus profonde gratitude va à Paula Paz pour sa compagnie et son soutien au quotidien.

Table des matières

Composition
PRESS · PROD

Imprimé en Espagne
Dépôt légal : mars 2025
N° d'impression : 01
ISBN : 978-2-7499-6068-5
LAF : 3571